서른,
우리는 실패를
즐기기로 작정했다

서른, 우리는 실패를 즐기기로 작정했다

발행일　2016년 7월 15일

지은이　조은희
펴낸이　조은희
펴낸곳　하린북스
출판등록　제2016-000021호
주소　서울시 양천구 목동동로 257 102동 4701호

ISBN　979-11-958327-0-5 03320(종이책)　　979-11-958327-1-2 05320(전자책)

이 도서의 국립중앙도서관 출판예정도서목록(CIP)은 서지정보유통지원시스템 홈페이지(http://seoji.nl.go.kr)와
국가자료공동목록시스템(http://www.nl.go.kr/kolisnet)에서 이용하실 수 있습니다.
(CIP제어번호 : CIP2016016444)

서른,
우리는
실패를
즐기기로
작정했다

취업과 전직에 관한 자기계발 보고서!

두 여자의 성공과 실패에 대한 특별하고
맛깔스런 이야기가 시작된다

조은희 **지음**

하린북스

글쓴이의
말

　내 성공담과 자랑스러운 업적에 대해 잔뜩 뽐내고 자랑하는 에세이가 아니다. '날 따라해 봐라'라고 말할 만큼의 어떤 성공 노하우도 없다. 내가 최고가 될 수 있었던 기념비적 신화를 쓰고 싶지도 않고, 그럴 능력도 없다.

　3년간의 비행생활로 2~30대 여성들이 원하고 꿈꾸는 직업을 가지면서 화려한 20대를 보냈고, 뒤늦게 벽에 부딪히는 실패도 경험했다. 실패를 딛고 일어서게 만들어준 취업 전문 강사로서의 3년을 통해 수백 명의 청년들의 좌절과 실패를 위로하고, 꿈을 응원해주는 멘토로서의 경험을 녹여냈다. 그저 꼰대처럼 "실패를 두려워 말고 성공에 끊임없이 도전하라." 같은 뻔한 충고가 아니라 "나도 힘들었고 모두가 힘들지만 결국에는 해낸다. 그러니 너도 당연히 해낼 수 있다." 이런 가벼운 응원 한마디를 해주고 싶었다.

　이제는 꿈꾸는 것조차 사치가 되어버린 이 시대 'N포 세대' 들이여. '시련'이 있어줘야 '성공'이 빛나는 법이다. 금수저들의 성공이 당연하게 여겨지고, 흙 수저들의 고군분투가 최고의 감동과 성공담으로 평가받는 이유는 바로 '시련'과 '고난'이 적절하게 섞여 '성공'을 빛나게 해주기 때문이다.

　고군분투하는 청년들이 실제 경험한 실패담과 성공담을 엮어내고 담아낸 이 책을 읽고, 실패를 조금이나마 즐길 수 있는 힘을 얻길 바란다.

　"실패나 시련을 작정하고 즐겨라. 당신의 성공을 빛나게 해줄 것이니."

차례

두 번째 세진의 이야기: 7전 8기

세 번째 다시 나의 이야기

첫 번째

나의 이야기:
이른 성공, 뒤늦은 고난

●

새로운 시작,
방향 선회

    이곳에서는 더 이상 이루어내고 싶은 꿈과 올라갈 목표가 없다. 한마디로 미래가 없다.

    곱게 화장한 얼굴, 세련된 유니폼을 빳빳하게 차려입고 캐리어를 유유히 끌며 또각또각 구두 굽과 바닥이 닿는 마찰음과 함께 공항을 지날 때 사람들의 시선은 모두 나에게 꽂힌다. 부러움과 시샘이 잔뜩 섞인 그들의 시선 속에서 느끼는 우월감은 마치 공항을 배경으로 항공사 모델인 양 도도하게 걸어가는 '런웨이' 딱 그때뿐이다.

    런웨이가 끝나고, 공항과 게이트를 지나 비행기에 오르면 온 몸은 먼지와 땀으로 뒤덮인 채 몇백여 명의 승객들에게 비빔밥을 나르

서른, 우리는 실패를 즐기기로 작정했다

며 얼굴만 번지르르한 미소를 건넨다. 3년간 사귄 남자친구와 헤어진 날, 마치 세상을 잃은 듯 울고불고 단 한숨도 못 잔 퉁퉁 부은 눈으로, 탑승하는 승객 한 분 한 분께 건네는 다정한 환영인사는 물론이거니와(물론 의도치 않게 그 몰골을 본 승객 입장에서도 썩 부담스러울 테지만.) 심지어는 반갑게 미소 지으며 인사를 건넨 승객이 얼마 전 좋지 않게 헤어진 옛 남자친구였던 경우도 흔하게 볼 수 있는 일이다.

물론 남자들의 로망인 유니폼을 입고 전 세계를 누비며 화려한 자유를 만끽하는데다, 대기업 수준의 연봉과 2년의 산휴기간을 포함한 여러 복지 혜택이라는 메리트 덕분에 '승무원'은 대한민국 여자라면 누구나 한번쯤은 꿈꾸어 보는 각광받는 직업이다.

그런데 이게 문제였다. 이러한 혜택들 때문에 선택했던 승무원이라는 직업은 '승객들에게 안전한 비행'과 '프로페셔널'한 서비스를 제공 한다'는 직무를 수행한다는 가정 하에 비로소 앞서 언급한 혜택이 제공되기 때문이다.

물론 뭐 참을 수 없을 만큼 힘들었던 것만은 아니었다. 처음에는 하늘이 내려앉는 듯 창피하고 회의감마저 느껴졌던 승객의 컴플레인 레터는, 한번 모신 승객을 다시 볼 확률이 거의 없는 일회적 서비스 특성상 시간이 지나면 언제 그런 일이 있었나 싶을 정도로 무감각해진다.

신입시절에는 늘 구부정한 목에 엉거주춤, 감히 어깨를 펴지 못할 정도로 두려웠던 선배들은 꼭 실수 할 때마다 귀신처럼 나타나곤 했다. 그러나 최소 6개월에서 1년 이상 살 부대끼고 더 이상 혼날 수 없을 만큼 혼나가며 일하다 보면 어느새 열 살 이상 차이 나는 선배들과도 '언니, 언니' 깔깔거리며 간단한 농담 주고받을 만큼 허물없어지는 단순한 집단이다.(크게 튀는 행동만 하지 않는다면.) 한마디로 힘들어봤자 어떤 직장에서든 똑같이 느낄 스트레스와 애로사항들 뿐이었고, 또 힘든 만큼 좋은 혜택과 조건들이 많기에 처음에는 조금 힘들지언정 절대 못할 일은 아니었다.

그렇게 3년쯤 되었을까. 나는 어떤 일련의 사건을 통해 후대에 남겨질 내 이름 석 자 '강, 은, 희'를 새삼 떠올려보았다. 그리고 나선 무턱대고 '그만 둬야겠다'는 결론을 내렸다. 그때의 나는 분명히 '입신양명'을 논하며 내 이름 석 자 따위를 세상에 남기고 싶어 할 만큼 열심히 살거나 의미 있게 사는 타입은 아니었다. 그러나 그래야만 했던 이유는 그 계기가 너무도 확실했다.

서른, 우리는 실패를 즐기기로 작정했다

●

나도 그녀처럼
멋진 삶을
살아보고 싶었다

혹자들은 부유하고 사회적 지위가 높은 사람일수록 약자들을 더욱 깔보고 무시하기 때문에, 흔히 말하는 '갑질' 사태가 일어난다고 알고 있다. 하지만 정말 몇몇 교양 없는 소수로 인해 이런 사건들이 극대화되고 부각되었을 뿐, 사실 정말 부유하고 사회적 지위가 높은 사람들일수록 타인에 대한 존중과 배려가 생활 속에 묻어난다. 한마디로 '교양'으로 무장한 '노블리스 오블리제'인 것이다.

일반석 같은 경우에는 '내가 이 돈 내고 이 비행기를 탔으니 어서 고급 서비스라는 걸 해봐.'라는 심보의 승객들이 꽤나 많다. 개중에는 비빔밥을 못 먹는다고 세상이 두 동강 나는지, 고개 숙여 쩔쩔매는 승무원들 속에서 고래고래 소리 지르며 사무장을 찾는다. 이들은 '대접'에 목마른 사람들이기에 이러한 경우, 보통 고개를 조아리며 비즈니스석에서 서비스 되는 메뉴를 내드린다는 '특별대우'의 뉘앙스를 풍기면 문제는 대번에 해결된다.

　사람들은 누구나 '특별'해지고 싶어 한다. 보통의 사람이거나 보잘 것없는 사람일수록 특별하지 못하기 때문에 조금이라도 남들보다 손해거나 못한 대우라는 생각을 하게 되면 권리를 찾기 위해 '진상' 혹은 '갑질' 사태가 벌어지는 것이다.

　반면, 편안한 비행을 위해 일반석의 두 배 가격인 비즈니스를 타는 승객들은 이미 일상생활 속에서 대접받는 가치를 지불할 능력이 있는 '특별'한 사회 계층이다. 사회에 불만이 없기 때문에 어떠한 왜곡된 시선이 없고 항상 여유가 있으며 차분하다. 이들은 기내 안에서조차 사회 지도층이 갖추고 있는 교양과 정중함이 드러난다. 가령 일반 손님들은 승무원을 지칭할 때, '승무원' 혹은 '언니'라든지 '아가씨'로 지칭하는 데 반해 상위 클래스의 손님들은 이름표를 봐두었다가 정중하게 '○○씨'라고 이름을 부르며 서비스를 부탁하곤 한다. 항상 모든 서비스를 할 때마다 고맙습니다. 감사합니다. 같은 감사 표현이 동반되며 억지를 부린다거나 비상식적인 행동을 하는 이들은 드문 편이다.(물론 비율상 그렇다는 것이지 절대적으로 없지는 않다.)

　승무원으로 1~2년 정도 비행을 하게 되면 비즈니스, 퍼스트 클래스와 같은 상위 클래스의 고급 서비스를 할 수 있는 교육을 받고 자격이 주어진다. 평생 먹어보지도 못한 고급 와인과 치즈, 고급 식사 매너 등을 숙지하면서 입맛이 고급스러워지고 상위 클래스 승객들이 누리는 '상위'계층의 문화가 익숙해진다.

문제는 날마다 서비스하는 고급 샴페인과 고급 스테이크를 나르면서 예전에는 구경도 못해봤던 고급 식재료가 익숙해지고 또 얼추 비슷하게 즐기다 보면 '나'는 과연 어떤 계층에 속해있는지 헷갈리게 된다는 것이다.

어느 추운 겨울, 인천발 샌프란시스코행 기내에서 내가 맡은 업무는 비즈니스 클래스 승객의 서비스였다. 내가 맡은 구역 10명 남짓한 승객들을 한 분 한 분 특별히 모시기 위해 안전은 물론이거니와 식사와 휴식, 기내에서 일어나는 모든 서비스를 책임진다. 이들에게는 탑승인사부터 차별화된다. 직접 좌석으로 안내해드리고 신문, 웰컴 드링크와 같은 개별서비스는 물론이거니와 겉옷은 구겨지지 않도록 따로 승객용 옷장에 넣어드린다.

"안녕하십니까. 어서 오십시오. 탑승권 부탁드리겠습니다."
"네, 안녕하세요. 탑승권은 여기 있습니다."

모두에게 똑같이 건네는 탑승 인사에 상냥한 어투로 답인사를 해주는 젊은 승객은 정말이지 오랜만, 아니 처음이었다. 그녀의 탑승권에 찍힌 좌석번호 11A. 내 담당구역 승객이다.

한눈에 들어오는 특별한 미인은 아니지만, 화장기 없는 수수한 얼굴에 백옥과도 같이 빛나는 피부, 적당히 마른 호리호리한 몸매에 세련된 고급 브랜드 퍼 코트를 걸치고 있었다. 불행히도 내가 예전에 파리의 한 백화점에서 가격표를 보고 흠칫 놀라 침만 질질 흘리고 쳐다보기만 했던 몇백만 원대의 코트였다. 승객들의 물건 중 귀중품이나 고가의 물건들은 승무원들이 맡기 부담스러워한다. 조금이라도 스크래치가 나거나 때가 묻는 순간 모든 책임은 우리에게 주어지기 때문이다. 옷장에 걸기 위해 받아든 코트에 혹시나 뭐라도 묻을새라 조심스럽게 정리하는 사이, 그녀는 먼저 "대충 걸어 놓으셔도 돼요." 다정하게 말을 건네며 활짝 웃어 보인다. 마음에 온기가 돌 만큼 따뜻해지는 미소다.

비행기가 이륙하고 첫 번째 식사 메뉴를 여쭈어보자, 11A 그녀가 웃으며 말했다.

"아, 아까 탑승하기 전에 햄버거를 먹어서요. 식사는 되었고, 번거로우시겠지만 커피 한잔 부탁드릴게요."

만약 내가 4~500만 원의 거금을 주고 비행기를 탄다면, 애피타이저부터 후식까지 제공되는 진귀한 음식들은 당연히 모조리 먹어치울 것이다. 내가 지불한 값에 대한 서비스는 송두리째 누리고픈 소비자의 당연한 심리인 것이다.

그런데 햄버거라니, 그깟 패스트푸드 따위에 이 고급스러운 코스

서른, 우리는 실패를 즐기기로 작정했다

요리를 패스하겠다는 그녀의 말을 듣고 나는 내 귀를 의심할 수밖에 없었다. 만약 내가 저 자리에 앉았더라면 신나게 카메라를 들이대고 나오는 음식마다 부산스럽게 찍어 대며 고품격 서비스를 맘껏 누렸을 텐데.

이상하게도 평소와는 달리 자꾸 '만약 저게 나였다면.'이라는 가정이 내 머릿속을 맴돌았다.

"아. 그럼 혹시 커피와 함께 다른 드실 만한 치즈나 가벼운 간식거리라도 같이 준비해드릴까요? 커피만 드시면 너무 가벼우실 것 같아서요."

"아니, 괜찮아요. 걱정해주셔서 감사해요. 이따 출출해지면 부탁드릴게요."

물론 탑승해서 식사를 드시지 않는 분들도 간혹 있지만 보통은 이따 먹겠다며 '킵'해 놓는다거나 간단한 샐러드나 치즈 정도는 당연히 거절하지 않는다. 얼마 전 퍼스트 클래스에 탑승한 재벌 2세 고등학생이 '식사는 됐고 콜라만 주세요'란 요청에 10시간 동안 그저 콜라만 리필해 줬던 황당했던 기억이 있다. 그렇지만 재벌 2세라는 전제하에 그의 요구는 상식적으로 가능한 일이었다. 돈 1,000만 원이라는 액수는 평범한 우리와 일명 재벌 2세인 그들에게 전혀 다른 가치로 와 닿기 때문이다.

내 기준에서, 나의 상식으로는 재벌이 아닌 이상, 아무리 부유하더라도 값을 지불한 서비스를 누리지 않을 이유는 없기에 당황스러웠던 것이다.

기내는 물에 축축하게 적신 수건이 30분 만에 바삭하게 마를 만큼 건조하다. 피부가 쩍쩍 갈라질 것 같은 건조함에 모 여자 연예인이 한 통에 30만 원을 호가하는 고급 영양크림을 기내에서 한 통 다 썼다는 일화가 해당 화장품 회사 마케팅에 사용될 만큼 기내 환경은 좋지 못하다. 덕분에 특히 여성 승객들은 장거리비행의 경우 너나 할 것 없이 첫 번째 식사가 끝나면 수건이나 팩을 덮고 잠을 청하며 수분이 조금이라도 날아가는 것을 용납하지 못한다.(가끔 어두운 기내를 거닐다 보면 하얀 팩을 뒤집어쓴 여러 명의 승객들을 보고 순간 흠칫 놀라기도 한다.)

평소와 다름없이 다수의 여성승객이 유난을 떨며 팩을 덮고 숙면을 취하거나 영화를 보는 그 시간 동안, 그녀는 팩이나 수건은커녕. 조용한 불빛에 책과 노트북을 번갈아 비춰 보며 몹시 집중하고 있었다.

"손님, 실례지만 혹시 커피나 쿠키 같은 간식 좀 준비해드릴까요? 아까 아무것도 못 드셔서 출출하실 것 같아서요."

상위 클래스에서는 첫 번째 식사를 건너뛴 승객들에게는 으레 식사나 간식 취식 여부를 여쭙곤 한다. 나 역시 조심스럽게 그녀에게

서른, 우리는 실패를 즐기기로 작정했다

이렇게 물었을 때, 그녀는 나보다 더 환한 미소로 답했다.

"아이고 바쁘실 텐데, 이렇게까지 신경써 주서서 감사해요. 저는 그럼 커피 한 잔이랑 간식 있는 것들 중에서 준비하시기 제일 편한 걸로 주세요."

그녀는 배려가 몸에 깊게 배어 있었다. '배려'라는 덕목을 처음 훈련원에서 서비스의 일부로 배웠던 나와는 다르게 그녀는 서비스를 받는 입장에서도 배려를 실천하고 있었다.

두 번째 식사 역시 마찬가지였다. 첫 번째 식사를 먹지 않아 출출했던지 두 번째의 식사 코스는 금세 그릇을 비워냈다. 하지만 식사 서비스 후 치즈나 아이스크림 푸딩 같은 한입거리 후식은 받아놓고는 정말 딱 한 입만 먹고 거의 다 남기는 다른 승객들에 반해, 그녀는 애초부터 이만큼이나 밥을 비워냈다며 배부르기에 못 먹겠다고 정중하게 거절했다.

사실 그녀는 다른 이들과는 다르게, 유난을 떨지 않고 자신이 지불한 서비스를 누렸을 뿐이었다. 자신의 권리를 위해 다른 이에게 피해를 끼치기는커녕 오히려 '을'의 입장까지 배려하는 그녀의 모습에서 나는 진정한 '노블리스 오블리제'를 느꼈다.

머리부터 발끝까지 명품으로 치장한 손님들은 수도 없이 많이 보았지만, 한 번도 기가 죽거나 나도 저들처럼 되고 싶다고 느꼈던 적은 없었다. 물론 처음에는 화려한 그들의 삶이 부러웠다. 비싼 옷과 비싼 음식, 그리고 비싼 장소에 있는 사람이 바로 '비싼 사람'이라고 여기던 시절이 있었기 때문이다. 그러나 자신이 머리부터 발끝까지 걸치고 있는 명품에 꽂히는 주변사람들의 부러운 시선을 의식하며 그것을 즐기는 몇몇 사람들에게서 허영심을 발견하고 아무리 비싼 명품을 걸쳤다고 해서 반드시 그 사람 자체가 명품이라는 법은 없다는 걸 알게 되었다.

그리고 나는 11A 그녀를 보며, '명품이 어울리는 진짜 명품 같은 사람은 바로 이런 사람이구나.' 하는 생각이 들면서 한없이 작아지는 스스로를 발견했다.

그들이 안락하고 편안하게 쉬고 있는 그 공간을 나 또한 일터로서 공유하고 매일같이 탑승하며, 푸아그라나 캐비어와 같은 고급음식, 또 로랑 페리에나 같은 값비싼 샴페인을 익숙하게 접하고 누리면서 그들과 같은 위치에 있다고 생각했었다.

하지만 나는 그들이 돈을 내고 값을 지불한 안락한 공간에서 진귀한 음식과 와인들을 '고급 서비스'로 특별히 모시기 위한 일꾼으로서 비행기에 몸을 싣고 또 급여를 받는 나의 존재와 역할이 확실하게 각인되었다.

한마디로 누구와 비교하고 작아지고 말 것도 없이 나의 역할과 직업은 '고급 서비스직'이었다.

그러나 이왕 한 번 사는 인생, 나도 그녀처럼 멋진 삶을 살아보

서른, 우리는 실패를 즐기기로 작정했다

고 싶었다.

나에게 예정되어 있는 멋진 탄탄대로의 삶은 오직 한국항공 안에서만 가능했다. 3년 차였던 나에게는 1년 후 대리 케이스로의 진급이 예정되어 있었고,(물론 상위 2~30퍼센트 정도만 진급한다.) 이후 사무장으로 진급을 하기 위해서는 3년이 더 걸린다. 뭐 시간이 걸리는 것쯤은 크게 중요하지 않다. 하지만 대리로, 사무장으로 진급에 성공해 직급이 높아진다는 것은 월급을 더 많이 받고 또 그만큼 책임도 더 따른다는 뜻이다. 대리로 진급을 하면 연봉이 1,000만 원이 오른다. 그리고 1,000만 원만큼의 일을 더 해야 한다. 어찌 보면 세상에는 공짜가 없기에 당연한 현상이다.

대리로 진급을 하게 되면 후배들에게는 '사무장님' 소리를 들으며 연봉도 높고 능력 있는 승무원으로서 인정받을 수는 있겠지만, 매일같이 브리핑 3시간 전 도착해서 모든 비행특이사항과 승객 정보, 해당 노선의 메뉴, 특별식 등을 모조리 체크하고 확인하여 팀장님께 보고드려야 한다. 한마디로 해당 노선에 대한 정보에 대해서는 가장 빠삭한 전문가가 되어야 한다. 뿐만 아니라 도착해서 팀장님과 사무장님들을 챙기는 것 또한 대리의 몫이다.

그렇다면 조금만 더 견뎌서 사무장으로 진급을 하면 되지 않나. 그러나 사무장이라는 직책은 좀처럼 도전해볼 맛이 안 날 만큼 명예롭긴 하나 무거운 자리였다. 보통 일반석과 같은 경우 2~300명의 승객이 탑승한다. 사무장은 일반석의 총책임자로서 일어날 수 있는 모든 돌발상황과 사건사고들을 책임지고 수습해야 한다. 물론 총괄팀장의 무게는 상상할 수 없을 만큼 훨씬 더 어마어마하겠지만.

그러나 내가 이 조직에서 인정받고 또 성공할 수 있는 길은 오직 '진급'뿐이었다. 그렇다면 내가 결심하고 열심히 따라가야 할 롤 모델은, 모든 갈 수 있는 직급을 모조리 꿰찬 우리 팀의 팀장인 것이다. 그녀는 명예로운 정년퇴임을 바라보고 있는 50줄로 총괄팀장의 듀티를 맡고 있었다.

그러나 승객 옆에서 굽신거리며 살갑게 서비스를 하는 그녀를 바라보며 나는 이 길을 가는 것이 맞는지, 썩 의구심이 들었다. 이 조직에서 인정받고 성공한 최고 직책에 올라간다 하더라도 결국 승객을 응대하고 모시는 '서비스'라는 직무는 변하지 않는 것이다.

나는 멋진 삶을 살고 싶었다.

아무리 생각해도 당시 내가 꿈꾸었던 멋진 사람은 대접하는 사람이 아니라, 대접받는 사람이었다. 그리고 불행히도 나는 대접하는 사람이었다. 현재 내 나이는 스물일곱, 시작점을 바꾸어 다시 시작해야만 했다.

서른, 우리는 실패를 즐기기로 작정했다

●

Prologue:
RESET,
회상

커다란 짐가방과 굳은 표정의 승무원들로 가득 찬 회사 셔틀버스에서 나는 나지막하게 콧노래를 흥얼거렸다. 모든 것이 다 끝났다는 시원함과 섭섭함과 안도감, 그리고 왠지 모를 흥겨움에 힐끗 쳐다보는 주변 시선들을 뚫으며 태연하게 묵직한 가방을 들고 기사님께 경쾌한 인사를 건넨다.

땅을 밟고 서니 비가 왔는지 바닥이 촉촉하다. 우산을 들고 리무진 정류장으로 바삐 이동하는 사람들 속에 우두커니 서서 하늘을 바라봤다. 오늘따라 유난히 감성적인 내 눈에 선명한 무지개가 드리운다. 갑자기 가슴속에 스치는 한마디. **'아, 이제 정말 눈부신 미래가 펼쳐지겠다.'** 근거 없는 타고난 낙천성일까. 어쨌든 기분은 무척이

나의 이야기: 이른 성공, 뒤늦은 고난

나 좋다.

이제 더 이상 공항으로 이동하는 리무진 버스 안에서 먹먹한 정적에 외로움을 느끼지 않아도 되고, 혼자서 전쟁터로 떠나는 군인의 심정에 비하며 비장함을 느끼지 않아도 된다.

힘든 비행을 마치고 24시간 씻지 못한 몰골에 잔뜩 때 묻은 유니폼, 신기한 눈으로 쳐다보는 공항 안의 사람들 속에서, 아무에게도 방해받고 싶지 않기에 소리 나지 않는 이어폰을 끼지 않아도 된다. 그리고 브리핑실로 올라가는 엘리베이터 안에서 굳은 표정의 동료 승무원들과 아무 감정 없이 어딜 가느냐, 잘 지냈냐, 오랜만이라며 영혼 없는 안부를 물으며 뭐라 표현할 수 없는 외로움을 되새기지 않아도 된다.

짧다면 짧고 길다면 긴 만 3년의 비행 생활을 마치면서 섭섭함보다는 셀 수 없이 많은 후련함과 시원함이 왜 더 큰 걸까.

나의 첫 비행은 런던이었다. 건조한 기내에 몸을 싣고 승객들에게 상냥히 미소 지으면서 생각했다. **'정말 감사하다!'** 비행 전에는 제대로 된 해외여행 한번 못 했던 나에게 10시간 거리의 비행기 안에 공짜로, 그것도 돈까지 받으면서 몸을 실을 수 있다는 것 자체가 적잖은 감격이었다. 이 정도면 꽤 성공한 인생이라는 생각이 들었다.

"Ladies and gentleman. Well come to London heathrow airport."

도착을 알리는 기내방송과 함께 창밖으로 펼쳐지는 런던 시내의 풍경을 바라보며 가슴이 어지간히도 뛰었던 기억이 생생하다. 착륙 후 승객분들께 하기 인사를 건넬 때, 두 엄지손가락을 번쩍 치켜세우며 생애 최고의 서비스였다고 극찬하는 영국인들의 신사다움에 울컥했던 기억. 공항에서 시내 호텔로 이동하는 픽업버스에 올라 차창 밖 표지판 하나에도 신비로움을 느끼며 샘솟는 뿌듯함. 그리고 결론은 '승무원 하길 참 잘했다'라는 생각.

나의 이야기: 이른 성공, 뒤늦은 고난

성공적 1막:
취준생

시작, 친구 따라 강남 가다

친구 따라 강남 간다고 했던가. 사실 내 꿈은 작가였고 전공도 문예창작학과였다. 단짝이었던 세진이 스튜어디스가 되고 싶다며 굳은 결의를 다질 때에도, 그런 화려한 직업과 나와는 거리가 멀다고 생각했다. 그런데 3학년 2학기가 될 무렵, 아빠가 회사를 그만둘지도 모른다는 엄마의 말에 나는 취업을 생각해야 했다. 그동안에는 아빠가 다니는 대기업에서 대학교 학자금 지원이 되었기에 학점관리, 자격증 취득은 남의 일이며, 삶이 마냥 즐거운 나에게는 적잖은 충격이었다.

이른바 '인(in)서울' 4년제 대학교라는 것 말고는 전혀 경쟁력이 없는 나의 이력에 그냥 전공 살려 작가나 되어 볼까, 생각 안 했던 것은 아니었지만 방구석에 박혀 창작의 고통에 시름하는 예술가가 되기에는 난 너무 놀기를 좋아하는 활발한 아이였다. 게다가 난 예술가에게 필요한 가장 중요한 것, 소위 말하는 '똘끼'가 없었다. 한마디로 자신도 없었고, 굳이 하기 싫은 이유를 찾을 만큼 흥미도 느끼지 못했다.

여름방학을 맞아 주말 아르바이트를 하며 모은 돈으로 친구와 함께 난생 처음 방콕으로 해외여행을 갔다. 기류가 불안정한 나머지 심각하게 흔들리는 기내 안에 구역질을 해대고 두려움에 벌벌 떠는 승객들 사이로 롤러코스터를 타듯 재미나게 웃는 나를 보며 친구는 혀를 내두르며 '여기서 일해도 되겠다.' 한마디에 문득 승무원 언니들을 보았다. 눈에 띄게 예쁜 외모는 아니지만 큰 키에 상냥하게 웃으며 비빔밥과 소고기 기내식을 권하는 그네들을 보며, '이 정도는 나도 할 수 있지 않을까?' 생각했다. 승무원들은 세계 모든 나라를 여행할 수 있고 연봉도 많다던데, 게다가 예쁜 유니폼에 대기업 연봉 프리미엄. 남자들이 승무원이라면 껌벅 죽어서 시집도 잘 간단다. **당시 내가 갖고 있던 평범한 스펙과 평범한 형편 등 여러 가지 면을 고려했을 때 내가 선택할 수 있는 직업 중 최상이자 최선의 선택이라는 강한 확신이 들었다.** 그리고 방콕 여행에서 돌아오자마자 스튜어디스를 목표로 정한 나의 취업 도전이 시작되었다.

호감형 지원자가 되는 법

"승무원 되려면 뭘 어떻게 준비해야 해?"

꽤 유명한 항공전문대학교에서 항공운항과를 전공했던 세진에게 묻자 눈이 동그래진다.

"너도 승무원 준비하게?"

석연치 않은 말투에 기분이 조금 상한다. 눈치 빠른 그녀 자연스레,

"아니, 넌 생각 없어 보였는데 갑자기 물어보니 놀라서 그러지."

달래는 듯한 말투. 그녀의 말에 따르면 승무원이 되는 것은 낙타가 바늘구멍에 들어갈 만큼 힘들단다. 글쎄. 그렇게까지 힘들어 보이지는 않는다는 내 생각을 읽었는지 그녀는 자신이 한 노력에 대해 장황하게 읊어댄다.

"우선 누가 봐도 미소가 정말 예쁘다 칭찬할 만큼 정말 시원하고 예쁘게 웃어야 해. 그리고 영어는 외국인들과 기본적인 프리토킹이 가능할 만큼의 실력이어야 하고, 제2외국어도 있으면 좋아. 피부는 깨끗해야 하고 키는 168 이상이면 좋지. 낮밤 구분 없을 만큼 시차 적응도 잘 해야 하고, 체력은 기본조건이야. 몸무게는 인생 최하 몸무게인 건 당연하구. 음 그리고…"

공항에서 마주쳤던 승무원들은 키가 크고 상냥한 미소를 가지긴 했지만 그녀가 읊어댄 만큼 눈에 띄게 뛰어난 미인과 영어 실력자는 없었다. 그냥 키 크고 예쁘장한 외모에 활발한 성격, 그리고 건강한

신체만 가지고 있다면 충분해 보였다.

따지고 보면 나도 학교에서 오빠들로부터 한두 번 이상 심심치 않게 고백받을 만큼 나쁜 외모는 아니라고 생각했고, 171㎝ 큰 키에 워낙 낯을 가리지 않는 성격이다 보니 외국인과의 프리토킹에 있어서도 어느 정도 자신은 있었다.

한마디로 '나' 정도면 꽤 괜찮고, 또 도전해 볼 만하다는 생각이 들었다.

4학년 1학기를 앞둔 겨울방학을 맞아 엄마에게 부득부득 우겨 취업이라는 명분으로 200만 원 상당의 고액 학원비용을 지불하고 등록한 강남 중심부에 위치한 유명 승무원양성학원에 처음 발길을 내딛자마자 세진의 말은 더욱 신뢰감을 잃었다.

토익은커녕 알파벳도 읽지 못하는 29세 언니.(당시 나의 나이는 23세였다.)

동대문에서 옷가게를 운영하다가 말아먹고 새 인생을 찾으러 왔다던 기 센 언니.

앞니 한가운데 벌어진 틈 사이로 목젖까지 훤히 들여다보이게 웃어 보이는 언니.

주근깨 많은 하얀 피부에 마른 몸매. 전문대에서 컴퓨터 쪽을 전공하다가 도저히 적성에 맞지 않아 왔다던 동갑내기.

같은 학교에 다니는 키 158센티 작은 키의 선배 언니 한 명.

나의 이야기: 이른 성공, 뒤늦은 고난

군 제대 후 여행하는 게 좋아서 왔다던, 아직 머리도 채 자라지 않은 멀대같이 키만 큰 오빠 하나.

그리고 나까지 총 일곱 명의 멤버가 앞으로 같은 수업을 듣게 된다. 이렇게 어떠한 기준도 없이 다양하게 구성된 수업 멤버 전원이 합격을 이룰 수 있도록 도와준단다.

'학원들은 기업체라 돈만 되면 아무나 다 받는구나.'

무작정 혼자 찾았던 승무원 양성학원에서 처음 등록 상담을 받을 때, 왜 담당자 언니가 나정도 스펙에 외모라면 어떤 항공사라도 갈 수 있다고 했는지 이해가 가는 순간이었다.

내가 등록한 수업은 국내 항공사와 외국 항공사를 같이 준비하는 종합 수업이었기에 외국 항공사 선생님과 국내 항공사 선생님이 수업에 따라 나눠 들어왔다.

1교시는 항공기구조, 2교시는 기내방송문, 3교시는 승무원의 역할.

1교시 항공기의 구조에 대한 설명을 들으면서 '아, 이곳이 내가 일할 공간이구나.' 하는 가슴 뛰는 감격 정도는 느낄 수 있었다. 2교시 기내방송문 수업에는 영어를 못 읽는 언니 때문에 옆자리에 앉은 내가 한글로 영어발음표기를 일일이 써주며 수업시간을 보내야 했다. 3교시에는 기내에서 승무원이 어떤 일을 하는지에 대한 설명을 들었는데, 수업 내용보다는 전직 승무원 출신 선생님의 작고 단아한 얼굴과 늘씬하고 화려한 외모에 눈길이 갔다.

'대체 왜 그만뒀을까.'

아마도 나를 비롯한 다른 학생들이 수업을 통해 느꼈던 가장 큰 궁금증과 관심사는, 이렇게나 예쁜 전직 승무원들이 왜 그런 좋은 직장을 때려치우고 조그만 학원에서 이런 재미없는 강의나 하고 있을까, 하는 생각뿐이었을 것이다.

그런데 대체 한국항공의 면접은 언제 준비하는 건지. 수업이나 학생관리나 뭐 하나 할 것 없이 허술했고, 시스템에는 체계가 없었다. 수강료 입금 이후, 합격까지 책임지겠다던 담당 컨설턴트와는 연락이 두절되었다.

학원에 대한 신뢰감이 떨어질 대로 떨어진 상황에서 답답했던 나는 보다 못해 스터디를 조성하기로 했다. 같은 반 멤버들 중 나이는 가장 어렸지만 암묵적으로 내가 리더를 맡아야 하는 상황이었다. 나는 나름대로 여러 인터넷 사이트를 뒤져 만든 커리큘럼으로 학원 수업에 맞춰 앞뒤 1시간씩 주 2회 스터디 스케줄을 짰고, 매회마다 필요한 면접 자료들을 공유하며 꽤 훌륭하게 스터디를 리드했다.

오합지졸 병사들을 승리로 이끄는 꽤 유능한 지도자로서의 막중한 책임감이 느껴졌다. 이 한 몸 희생하여 낙오자들을 희망으로 이

끌겠다는 세상 가장 의로운. 한마디로 혼자 잘난 사람이라는 우월감에 사로잡혔다.

그렇게 꾸준히 주 2회 스터디를 거듭할수록 나의 거만한 책임감 따위를 드디어 알아보는 사람들이 하나둘 생겨났다. 영어자기소개 하나 제대로 만들지 못하는 그네들에게 한숨 푹 쉬어가며 직접 정리한 자기소개서 복사본을 자랑스럽게 뿌리던 나를 유심히 지켜보던 재경 언니. 앞서 언급했던 동대문에서 옷장사를 접고 온, 어딜 가도 절대 기죽을 것 같지는 않은 강력한 포스의 언니였다.

"넌 우리가 한심해 보이지?"

하필이면 단둘이서 마주친 곳이 구석진 카페 건물의 낡은 화장실이었다.

아. 지금 이 시점에 화장실에 온 걸 뼈저리게 후회했다. 잔뜩 당황한 나머지 더듬거리며 "그게 아니라…"며 부인하는 나를 물끄러미 바라보면서 그녀는 건조한 입을 열었다.

스물아홉 먹도록 고작 영어 한 줄 제대로 못 읽는 주희 언니.

처음 기내방송문 시간이었다. 'Ladies and gentleman'을 '레디에스 앤 젠트레…'라며 더듬거리고 읽는 모습을 보고 저 나이 먹도록 대체 뭘 했을까. 대책 없는 낙오자라고 여겼다. 그러나 그녀는 대학 갈 형편이 되지 못해 고등학교를 졸업하자마자 콜센터에서 근무하며 생활비와 등록금을 모아. 겨우 야간 전문대학을 졸업했다. 일과 학업을 병행하기에 당연히 영어를 쓸 일이 없을 만큼 팍팍한 삶이었을 것이다. 그녀는 꾸역꾸역 전문대를 졸업하자마자 백번 천 번 고민하다 '지금'이 아니면 무언가에 도전할 수조차 없을 거라는 결론을 내렸다. 그래서 용기 내어 처음이자 마지막으로 '승무원'이라는 꿈에 도전하는 거였다.

그리고 나와 같은 학교를 다니는 현아 언니.
당시 항공 승무원의 지원 자격에는 선반에 짐을 올려야 하는 안전업무 때문에 162㎝ 키 제한이 있었다. 그런데 당시 그녀의 키는 158㎝. 대체 자격조건을 충족하지도 못하면서 왜 오르지도 못할 나무를 쳐다보는지 한심했다.
물론 그녀도 그 사실을 모를 리 없었다. 현실에 타협하기 위해 공무원 시험을 준비했지만 좀처럼 집중할 수가 없었다. 승무원의 잔상이 아른거렸고, 되든 안 되든 국내 항공사는 면접이라도 보고 싶었다. 도전해 보지도 못하고 포기한다면 다른 곳에도 집중하지 못한 채 평생 후회가 될 것만 같아 가족들과 의논해 보고 고민 끝에 학원을 등록했다고 한다. 다행히도 외국 항공사에는 키 제한이 158㎝ 마지노선에 간신히 든다는 것을 학원에서 알게 된 사실에 기뻐하고 감사하며 외국 항공사에 지원하기 위해 호주로의 '워킹홀리데이' 프로그램을 알아보고 있다고 했다.

나의 이야기: 이른 성공, 뒤늦은 고난

"우리가 못 오를 나무 쳐다보는 것 같지? 처음 우리 보는 네 표정 볼 때부터 느꼈어. 조건 다 갖춘 네가 볼 땐 우리가 한심해 보이겠지만 우리도 나름대로 할 수 있는 만큼 열심히 하고 있다. 시작점이 다 같을 순 없잖아. 스터디 하면서 어쨌든 너도 부족한 우리랑 같이 준비하느라 고생 많겠지만 너 볼 때마다 우리가 못 꿀 꿈이나 꾸는 양, 기죽어가는 분위기 만들고 싶진 않다."

나중에 알게 된 사실이지만 그녀 또한 돈을 벌어야 하는 집안 형편 때문에 다니던 상업고등학교 졸업을 포기하고, 동대문에서 자그마한 옷가게를 하는 선배 언니를 도와 일하면서 검정고시로 고등학교 졸업장을 겨우 따냈단다.
내가 살고 있는 평범한 세상이 전부였던 나에게, 생각보다 정말 다양한 세상에서 그들만의 방식대로 고군분투하며 살아가는 사람들이 존재한다는 것을 알게 된, 적잖은 충격의 순간이었다.

아. 그동안 내가 얼마나 재수없게 보였을까. 건조한 말투로 담담하게 나를 타이르던 그녀 앞에서 정말이지 쪽팔려서 얼굴을 들 수 없었다.

나는 당연히 돈을 벌기 위해 학생을 가리지 않는 학원의 시스템을 통해 나보다 못한 이들을 만남에 기뻐하며 우월감만을 잔뜩 만끽하고 있을 뿐이었다.

그깟 'In 서울' 커트라인 간당간당한 삼류대학 학벌에, 높지 않은 평균 영어성적. 한마디로 최소 지원자격만 갖췄을 뿐 그다지 잘나지도 않은 주제에, 뒤늦게 부푼 꿈을 안고 고군분투하던 그들 사이에서 우월감에 으스대던 내가 되려 무척이나 찌질해 보였을 것이다.

사실 따지고 보면 세상에 잘난 이들은 또 얼마나 많은가. 내 단짝 세진만 하더라도 여자로서는 이상적인 168㎝ 키에 귀여운 외모, 나보다 훨씬 날씬하고 예쁜데다 우리나라 최고의 항공전문학교 항공운항과를 전공하면서 고득점 토익에 제2외국어까지 능통한 재원이다.

이런 못난 우월감. 찌질한 마인드로는 아무것도 이루지 못할 것 같은 강한 확신이 들었다.

"언니, 정말 죄송해요. 제가 생각해도 정말 재수없는 애였네요, 저는."

매사에 굼뜬 내가 남들보다 유일하게 빠른 것은 바로 현실인정과 굽힘의 미학이다. 인정이 빠르고 또 사과가 빠르다는 것이다.

이후, 나는 스터디를 '운영'하는 것이 아닌 그들과 같은 스터디 멤버로서 '참여'를 할 수 있었다. 학원 수업 이외에도 매일같이 학원 근처 카페에서 죽치고 모여 앉아 시간을 보내곤 했다. 서로 너는 면접관, 나는 지원자. 서로 심각한 얼굴만 봐도 빵 터지곤 했던 재미있는 모의면접을 통해, 인생을 건 일생일대의 면접보다는 그저 앞에 서서 웃으며 말하는 것에 익숙해져서 면접이라는 것이 친숙해지게 만들었을 뿐 아니라, 서로의 장점들은 공유하고 치명적인 단점들은 보완할 수 있었다.

키가 작았던 현아 언니를 위해 '속가보시'에 굽 12㎝의 최첨단 구두를 찾기 위해 모두 고군분투했으며, 영어를 못하는 주희 언니를 비롯한 몇몇 언니들을 위해 토익학원 수업에 따라가기 위해 혼자 정리해 놓았던 알짜배기 문법 자료들을 공유했다.

또 당시 나가는데 꾸미고 준비하는 시간이 단 5분이었던, 화장이라고는 비비크림과 눈썹연필, 립스틱만 있는 줄 알았던 나에게(그때 사진을 보면 대체 왜 내가 어느 정도 괜찮은 편이라고 생각했는지 알 수 없을 만큼 못 꾸몄다. 못났었다.) 머리 만지는 법과 속눈썹, 아이라인이라는 화장의 신세계를 거의 다대 일 수준의 과외를 받으며, 서로 부족한 부분을 채워갈 수 있었다.

이들과의 만남을 통해 나는 면접관 앞에서 서로가 최고라며 잘난 척만 늘어놓아봤자, 절대 뽑아 주지 않을 것이라는 확신을 갖게 되었다. 면접관도 사람이기에 호감과 비호감 정도는 쉽게 구분할 수 있기 때문이다. 오히려 같은 조원들의 이야기에 경청하고 호흡하며 면접관뿐 아니라 조원들과의 조화로움까지 보여주는 것이 최고의 합격 비결이라는 것을 알 수 있었다.

서른, 우리는 실패를 즐기기로 작정했다

여덟 명의 지원자들 가운데에서 시선이 갈 만큼 예쁜 '존예'(아주 예쁨)도 아닌, 그렇다고 이대 나온 스마트한 여자도 아닌 평범한 지원자가 어줍잖은 우월감에 사로잡혀 잔뜩 거만한 표정으로 자랑만 늘어놓는 지원자는 나라도 절대 뽑지 않을 일이다. 결론부터 말하면, 나는 이들과 함께 정신차리고 함께 어우러져서 면접을 준비했기에 우리나라 최고 항공사의 '합격'을 거머쥘 수 있었다.

첫 남자친구가 생기다

그 와중에 나는 연애를 시작했다. **생각해보면 취업이든 연애든 어느 한쪽에 모든 걸 거는 all in 마인드가 아니었기에 두 마리의 토끼를 잡을 수 있지 않았나 싶다.**

사실 나는 학교에 다닐 때 꽤 인기가 있는 편이었다. 그런데 그게 말이 좋아 인기지, 지금 생각해보면 내 주변에는 몇 번 꼬드기면 넘어올 듯한 평범한 외모였기에 밑져야 본전 심보로 한두 번 슬쩍 건드려본 남자들뿐이었다. 그 덕에 풋풋했던 대학교 3학년 때까지는 서로 간만 보는 사이, 요즘말로 '썸남'이나 남자사람친구 일명 '남사친' 이외에는 제대로 된 연애 한번 해본 적이 없었다.

1학년 때 감명 깊게 읽었던 20를 위한 에세이의 한 구절 중 '노는 물의 수질관리를 시작하라.'를 나는 '차 있는 오빠를 만나라'라고 이해했던 것 같다. 23살의 나는 순수했고 어렸지만 알건 다 아는 나이였다. 이후에 비행하며 누렸던 속물 같은 삶을 떠올려보면 당시의 나는 순진무구 그 자체였지만, **차 있는 오빠. 그러니까 돈 많은 오빠가 '연고대' 나온 오빠보다 매력적이라는 팍팍한 현실은 깨닫고 있었다.**

토익학원에서 처음 만났던 그는 내 기준에는 조금 미달되는 보통의 키와 선하게 생긴 외모. 그다지 이성적으로 끌리는 스타일은 아니었다. 토익 스터디를 마치고 집으로 향하는 학원 앞 길목에서 '빠앙' 경적에 뒤를 돌아보니 커다란 SUV 운전석에서 멋쩍게 웃으며 집으로 데려다 주겠다던 그의 모습에 남성으로서보다는 든든한 조력자로서의 매력을 느꼈던 것 같다. 처음에는 그의 번쩍번쩍한 외제 차에 매력을 느꼈고, 서툰 운전에도 최대한 후진에 신경을 쓰는 그의 속보이는 순진함이 귀여웠다.

여러 번 데이트를 하면서 처음 사귀자고 말하는 그의 떨리는 목소리가 조금은 어수룩해 보이기도 했지만 언젠가 여자는 온돌이라며 처음엔 차갑다가도 불을 지피면 지필수록 더 뜨거워진다던 친구의 말에 '에라 모르겠다' 눈 질끈 감고 첫 연애를 시작했다. **지금 생각해 보면 나는 설렘을 안고 행복한 데이트를 할 남자친구보다는 든든하게 의지하고 현실에 지친 잔투정과 짜증에도 묵묵히 웃어주는 다정한 버팀목이 필요했던 것 같다.**

대학 교수인 아버지 덕분에 고생 없이 곱게 자란 티가 났던 그는 미

서른, 우리는 실패를 즐기기로 작정했다

래에 대한 걱정보다는 현실을 즐기는 편이었다. 남들에게는 고시공부였던 세무사 시험을 준비했었는데, 고시원은커녕 우리 집보다 넓고 깨끗한 오피스텔에서 먹고 놀고 자며 더군다나 옷 쇼핑까지 하며 안락한 생활을 즐기던 그의 일상을 보면서, 나 역시 그런 편안함에 편승하고 싶었던 것 같다.

당시의 나는 승무원을 준비한다는 이유로 고된 다이어트 끝에 만들었던 170cm에 53kg의 길쭉하고 날씬한 몸 이외에는 그다지 돋보일 만한 매력 포인트가 없었다. 여느 평범한 대학생이 그렇듯 명품은커녕 그저 간간이 인터넷 쇼핑에서 저렴한 옷 한두 벌 구매하는 것이 쇼핑의 전부였다.

그랬던 나를 세련되게 꾸며주었던 건 엄마가 아닌 남자친구였다. 고급 브랜드를 선호했던 그는 자신의 옷을 사다가도 내 손을 잡고 백화점 매장에서 꽤 값나가는 브랜드 옷을 한두 벌씩 사주면서 치장과 사치의 즐거움을 알게 해주었다.

청바지는 '디스퀘어드', 가방은 '생로랑'과 '루이비통', 신발은 '프라다'나 '토즈', 맨투맨 티는 '겐조'. 패션이 전부인, 스타일에 죽고 못 사는 패션깨나 아는 사람들 사이에서는 알아주던 브랜드 매칭과 옷 입는 법에 대해 알게 되었다. 뿐만 아니라 이후에는 길거리를 지나는 사람들의 옷차림만으로도 패션에 얼마나 관심이 있는지, 한마디로 얼마나 옷에 돈을 쓸 여유가 있는지를 알게 되었던 것 같다.

명품 브랜드에는 일자무식이었던 내가 로고만 봐도 '샤넬'과 '루이

비통' 같은 대표적인 명품 브랜드는 물론이거니와 보통 사람들은 잘 알지 못하는 '로에베'나 '토즈', '보테가 베네타' 같은 것들을 대번에 알아차릴 수 있었다. 그러다 보니 내 옷장에 있던 평범한 시장 옷들은 죄다 재활용장 행을 면치 못했다.

패션에는 '옷'만 해당되는 것이 아니었다. 머리부터 발끝까지를 '스타일'이라 칭하기에 헤어스타일 또한 달라져야 했다. 동네 미용실에서는 5,000원 정도면 충분했던 앞머리 커트를 자그마치 2만 원이나 하는, 그가 자주 다니는 단골 미용실로 옮기면서 나는 꽤 잘 꾸미는, 한마디로 '패션'에 돈을 투자하는 세련된 여성으로 변모할 수 있었다. 커트는 4만 원, 염색과 펌은 2~30만 원을 호가하는 강남의 고급 헤어살롱이었다.

생각해보면 자신의 돈과 관심과 시간을 투자해 나를 업그레이드 해주었던 건 오로지 사랑의 힘만은 아니었을 것이다. 사실 같이 다니기에는 조금 부끄러웠던 여자친구의 촌스러운 스타일을 세련되게 바꾸어주면서 그 역시 뿌듯함을 느꼈을 뿐 아니라 모처럼 길을 걸을 때의 주변 시선에 우쭐함 역시 느꼈을 것이다.

당시 만 원짜리 한 끼 식사에도 부담을 느끼던 그때의 용돈 수준에 비해 이만 원짜리 앞머리 커트가 일상이 된 나에게, 그때부터인가 '비싼 게 좋은 것이고 비싼 걸 이용하는 사람이 비싼 사람'이라는 비현실적인 경제관념이 형성되었던 것 같다.

첫 도전. 워밍업 (말레이시아항공)

　　연애에 한창 시간을 말리던 겨울방학의 중간, 말레이시아 항공의 채용이 시작되었다. 전년도인 2008년에는 국내 항공사의 사정이 좋지 못했기에 나는 학원을 등록할 때, 안정성을 위해 국내 항공사와 외국 항공사를 같이 대비할 수 있는 수업을 등록했었다. 사실 외국 항공사는 해외에서 체류를 해야 했기에 그다지 관심이 가지는 않았지만, 4월에 예정되어 있다던 한국항공의 채용 전에 연습 삼아 면접을 경험해 보는 것도 좋지 않을까 하는 생각이었다.

　외국인 면접관과 영어로 자유로운 의사소통이 가능해야 했지만 워밍업이라는 취지하에 두려움도 없이, 주저하지 않고 지원서를 제출했다. 그땐 말레이시아항공이 한국항공보다 몇 배 이상은 크다는 사실도 모른 채 첫 면접이라는 기대감에 부풀어 즐겁게 준비했던 것 같다.

　외국항공사의 경우는 당사에서 한국에 면접관을 파견해 채용하는 형식이기에 하루나 이틀 안에 1차부터 4차까지 한꺼번에 진행했었다.

　아침부터 스터디 언니들이 알려준 촌스런 진한 화장을 스스로 연습 삼아 하고, 면접 전날 아울렛에서 구매해 빳빳한 면접복장을 입고 도착한 면접장에는 딱 봐도 20대 후반은 되어 보이는 언니들이 수두룩했고, 다들 나와는 달리 예쁘게 공들인 메이크업과 딱 봐도

나의 이야기: 이른 성공, 뒤늦은 고난

고가 브랜드의 세련된 정장을 입은 지원자들뿐이었다.

학원에서 만났던 스터디 언니들을 비롯해 주변에 아무것도 모르고 즐겁게 준비하던 이들과는 달리 무언가 '준비되어 있는' 갖춰진 느낌에 기가 팍 죽어버렸다.

1차 면접을 기다리면서 역시 나는 한 번도 본 적 없던 영어면접이 가장 걱정이었다. 대기실에서 만난 몇몇의 언니들 역시 긴장한 표시가 역력했다. 아마 그들도 영어에 대한 부담감이 가장 컸으리라. 나는 긴장감을 풀기 위해 먼저 내가 준비했던 영어 면접 노하우를 공유하며 금방 그들과 친해질 수 있었다. 그러나 그들끼리의 대화에서 드러난 화려한 스펙을 듣고서는 좀 전에 영어면접에 대한 팁을 알려주겠다며 나불거렸던 내 입을 영원히 막아버리고 싶었다. 캐나다에서 고등학교까지 졸업하고 온 사람부터 유럽에서 대학원 석사 과정을 마치고 온 사람, 나아가 미인대회 출신에 명문 외국대학교를 졸업한 사람까지 대체 이런 사람들이 왜 여기서 긴장을 하고 있을까 의문이 들 법한 기상천외한 스펙의 지원자들이 수두룩했다.

'아… 세상은 넓고 잘난 사람은 참 다양하구나.' 나의 위치는 더도 말고 덜도 말고 딱! 중간 지점이었다.

1차 면접은 면접관과 나와의 1대 1 인터뷰였다.

서른, 우리는 실패를 즐기기로 작정했다

"자기소개 간략하게 부탁할게."

이 정도쯤이야. 일전에 단짝 세진이 미리 일러준 영어 자기소개 방식대로 유창한 듯 여유 있게 미소 지으며 답했다.

"그럼 승무원의 가장 중요한 자질이 뭐라고 생각해? 가장 중요한 하나만 꼽아봐."

나는 머리는 좋지 않지만, 거짓말만큼은 얼굴색 하나 바뀌지 않고 하는 편이었다. 한마디로 순발력이나 임기응변력이 나쁘지 않았기 때문에, 내가 미리 장점으로 준비해 놓았던 '친화력이 장점이다'라는 답변을 끝부분만 살짝 변형해서 맞받아쳤다.

그렇게 1차 면접은 끝. 이렇게 한두 개의 답변, 길어야 5분 남짓한 시간으로 평가가 가능한 걸까? 생각하며 마친 첫 면접의 느낌은 '생각보다 별거 아닌데'였다.

100여 명의 지원자가 인터뷰를 봐야 했기에 길고 긴 2시간 남짓의 대기시간을 끝으로 합격자가 호명되었다. 예상했듯 1차는 가뿐하게 통과, 100명 중 30명만 남게 되었다. 이런 실력자들 사이에서 30퍼센트 안에 들게 되다니, 느낌이 좋았기에 어느 정도 예상은 했지만 막상 얻게 된 첫 합격의 기분은 몹시 좋았다. 이제 시작이었다.

나의 이야기: 이른 성공, 뒤늦은 고난

문제는 2차 토론면접이었다.

면접관이 던져주는 한 가지 주제로 6명씩 한 조가 되어 토론하는 형식의 면접이다. 간단한 자기소개나 이력서를 위주로 설명할 수 있는 정도의 영어 실력으로는 불 보듯 뻔한 결과가 예상되는 고난도 면접이었기에, 1차를 합격한 것만으로도 감사하자 생각하며 면접장에 들어갔다.

주제는 '승무원의 가장 중요한 자질 한 가지를 꼽아라.'였다.

역시나 나는 정말 운이 좋은 사람이었다. 1차 면접 때 받았던 질문이 그대로 나온 것이 아닌가. 하지만 유창한 영어 실력을 자랑하는 지원자들의 혀 꼬부라지는 원어민 발음과 자신감에 감히 질투가 아닌 경의를 표하며, 내 차례가 왔을 때는 결코 잘해야겠다는 욕심이나 아무런 미련 없이 1차에서 답한 내용대로 쉽고 간단하게 답할 수밖에 없었다. 앞서 말한 다른 지원자들과는 달리 아주 기초적인 영어로 천천히 말하는 나를 응시하는 면접관의 표정은 생각보다 나쁘지 않았다. 내 차례가 끝나고, 그 이후의 열띤 토론에 핏대를 올리며 혀를 굴리는 지원자들을 보면서, 나는 객석에 앉은 구경꾼 모드였다. 윌스트리트에서 보던 원어민 선생님들처럼 영어를 잘하는 그녀들을 신기하게 구경하며 연신 고개만 끄덕이다 2차 면접은 끝나고 말았다.

30명의 2차 면접이 모두 끝나고 합격자를 호명한다. 늦은 점심 메뉴는 뭘 먹을까 생각하며 갈 채비를 하고 있는데,

서른, 우리는 실패를 즐기기로 작정했다

'Number 17 LINA CHOI, Number 21 EUNHEE KANG.'

대박. 이럴 수가. 내가 합격이다. 말도 안 되는 합격. 확실한 건 합격의 기준이 영어는 아니라는 것이었다. 그럼 합격의 기준은 뭐였을까. 궁금하고 의아했다. 어찌 되었건 분명한 건 나는 합격이다. 정확한 기준은 알 수 없지만 면접관이 봤을 때, 나는 승무원에 해당하는 재목이라는 건 확실했다. 나는 이 순간 오히려 이대로 붙어버리면 어쩌지 하는 안 해도 될 걱정까지 하고 있었다.

다른 지원자들 역시 나의 합격에 의아한 표정이었지만, 이내 부러운 표정으로 잘하라는 응원을 받으며 30명 중 10명 안에 들어 3차 면접장으로 이동했다.

이렇게 하루에 3명씩 총 5일에 걸쳐 15명을 채용하는 것이다.

엄선된 10명은 절대 떨어질 사람이 없을 만큼 전부 외모도 출중하고 영어 실력도 완벽했기에 그저 이렇게 어벤저스 10명 안에 들었다는 사실만으로도 감개무량했다. 학원에서 처음 만나 아무런 준비가 되지 않은 사람들 가운데서 으스대던 시절이 얼마나 부끄러운 모습인지 날이 갈수록 깨닫게 되는 순간들 중 하나였다.

3차 면접은 다시 면접관과의 1대 1 개별 면접이었는데, 그것도 심층 인터뷰였다.

나의 앞 번호였던 한 지원자는 유럽에서 10년 이상 살다 온 완벽한 영어실력과 더불어 여신 같은 외모의 소유자였기에 모두가 합격을 예상했지만, 키가 당사 기준에 미달된다는 이유로 불합격이었다. 그녀도 불합격이라는 사실이 적잖이 충격적이었는지, 어두운 얼굴로 수험표만 만지작거리다 이내 대기실에서 짐을 챙겨 떠났다. 앉은 자리에서 합격과 불합격이 결정되다니, 잔인한 순간이었다. 특히나 이번 채용만을 기다려오고 공들여 준비한 사람들에게 있어서 너무 큰 상처가 아닌가 싶었다.

드디어 내 차례. 30대 후반쯤 되어 보이는 한국인 아저씨 면접관은 아무 말 없이 나의 정중한 인사에 고개만 끄덕이더니, 이력서를 뒤적이며 건조한 얼굴로 물었다.

"지금 3학년 2학기만 마친 상태면 앞으로 1년 더 학교에 다녀야 하지 않나?"

"아 물론 그렇게 생각하실 수도 있겠지만 저희 학교는 취업계 시스템이 워낙 잘 갖춰져 있기 때문에 일하는 데 전혀 무리가 없습니다. 비행과 학교생활 균형을 잘 맞추면서 열심히 일하겠습니다."

이렇게 생각지도 못한 거짓말이 술술 나오다니, 맘에도 없는 거짓말들의 향연에 내 자신에게 스스로 감탄했다. 아, 이러다 정말 붙는 건 아니겠지. 완벽한 포커페이스 유지와 함께 청산유수 거짓말을 늘어놓으며 내 속을 비집고 드는 생각은 '면접관이 어떻게 진실을 알겠

서른, 우리는 실패를 즐기기로 작정했다

어?'였다.

그러나 면접관은 호구가 아니다. 나중에 알게 된 거지만 면접관들은 지원자들을 꿰뚫는 전문가들이기에 불리한 답변이라도 오히려 어느 정도는 사실이 드러나도록 진술하게 답하는 것이 훨씬 유리하다.

당연히 면접관을 기만했던 당시의 나는 보기 좋게 앉은 자리에서 불합격 통보를 받았지만, 그래도 기분 좋게 면접장을 빠져나올 수 있었다. 첫 면접, 워밍업치고는 너무 훌륭한 성과였기 때문이다. 그리고 제일 중요한 건 갈 생각이 없던 항공사였기에 오히려 다행이라는 생각이 들었다. 최종적으로 어떤 지원자가 붙었는지는 중요하지 않았다. 이번 면접을 통해서 나는 말을 많이 잘하는 것이 중요한 게 아니라, 잘 웃으며 경청하는 것이 또 하나의 합격 포인트라는 것을 알게 되었다. 그리고 고대하고 기다리던 대망의 한국항공의 채용이 시작되었다.

성공적 2막:
취업

'아기다리고기다리던' 본 게임

봄바람에 남자친구와 벚꽃 드라이브를 즐기던,(아 그때는 벚꽃엔딩이 나오기 전이라 딱히 떠오르는 마땅한 봄 BGM이 없다.) 여유롭던 어느 4월의 빅 뉴스. 바로 한국항공의 채용이 시작됐다는 거였다.

이미 한 번의 면접 경험이 있었기에 그다지 떨리지는 않았지만 무섭게 올라가는 지원자들의 숫자를 보며 역시 만만치는 않구나 하는 생각은 들었다. 당시 나는 4학년 1학기. 혹시 떨어지게 되더라도 나이가 어린 편이었기에 엄마에게 졸라서 미국에 있는 이모 집에서 어학연수를 해도 되지 않을까 하는 막연한 도피에 대한 기대감이 초조함을 희석시키는 여유가 되었던 것 같다.

지원서를 제출하던 날 밤. 나의 수험번호는 16892번. 서류 마감과 함께 지원자의 수는 1만9천명을 기록하며 거의 2만여 명에 달하는 별들의 전쟁이 시작되었다. 당시에 뽑겠다던 목표 인원은 150명이었으니 정작 150대 1의 경쟁률. 이전의 말레이시아 채용에서의 경쟁률은 100명 중 10명 안에 들었다고 기뻐했으나 단지 10대 1의 경쟁률일 뿐이었던 것이다.

"무슨 수로 네가 2만명 중에서 150명 안에 들겠어."

엄마는 좋지 못한 내 성질에 괜히 떨어지고 울고불고 짜증낼까 봐 두려웠는지 큰 기대하지 말고 일찌감치 포기하라는 느낌의 한 마디를 던진다.

"어차피 2만 명 중 70퍼센트는 허수야. 서류에서 걸러져서 한 18,000명 정도에서 5~6천 명끼리의 경쟁이니까 해볼 만해."

그땐 무슨 자신감인지 허세인지. 혹은 엄마에게 무언가 꼭 보여주겠다는 오기인지 대체 무슨 생각으로 그런 호언장담을 했는지 모른다.

사실 말은 그렇게 했지만, 사실 당시 나의 목표는 1차 면접 합격이었다. 이미 말레이시아항공에서 1차에 이어 2차 면접까지 합격을 거머쥐면서 얻은 자신감 덕분인지 한국항공에서도 1차 면접만이라도 합격을 한다면 가능성에 대한 확신을 갖고, 이후에도 또 도전해서 합격할 자신이 있었다.

한국항공은 모든 지원자를 직접 보겠다는 취지 때문인지 사실 서류 경쟁률이 그다지 높지는 않다. 1만 9천여 명의 지원자 중 연속지원이나 3~4번 이상의 지원자를 제외한 1만 8천여 명이 서류를 통과하고 면접을 보게 되었다.

대망의 면접을 위해 한 달여간, 적극적으로 다이어트를 한 탓인지 면접복장이 조금은 헐렁해졌다. 특히 치마는 나의 꽤 큰 골반 위에서도 빙글빙글 돌아갈 만큼 커져버렸다. 엄마에게 세탁소에 수선을 맡겨달라는 간곡한 부탁과 함께 스터디를 마치고 집으로 돌아왔는데, 내일 입을 치마는 아침에 집을 나서며 곱게 개어놓은 그대로 침대 위에 놓여 있었다. 맙소사. 엄마는 절대 깜박하지 말아야 할 것을 잊고 말았던 것이다.

다른 엄마들은 나서서 면접복장도 골라주고 마치 대학입시만큼이나 하나부터 열까지 자녀의 취업에 엄청난 열의를 쏟는 데 반해, 부모님 도움 없이(그 당시 부모님이 지원해주신 회화학원이나 승무원 학원 비용은 너무도 당연한 것이라고 느꼈었다.) 스스로 기특하게 과외 아르바이트를 하면서 학원에 스터디도 조성하고 취업에 힘쓰는 딸의 단 한 가지 부탁, '면접복장 줄여줘' 그 간단한 부탁 하나를 깜박하다니.

다음날 아침 면접이었기에 더 이상 방법이 없었다. 덤으로 뭘 그리 유난인지 옷핀 꼽고 보면 되지 않겠느냐는 심드렁한 엄마의 말에 나는 대성통곡을 하고 말았다.

아마도 내일 면접에 대한 긴장감과 함께 응원은커녕 도움도 주지 않는 엄마에 대한 서운함, 분노, 억울함, 걱정 등등 땡깡이나 투정 같은 복합적인 감정이 섞였던 것 같다. 전화기 너머 나라를 잃은 듯 대성통곡에 놀랐던 내 착한 남자친구는 당장 내일 면접 전에 눈이 퉁퉁 부으면 어찌 하냐며 호박즙 한 상자와 함께 한달음에 달려와 주었다.

현재 시각은 새벽 한 시. 그리고 면접은 오전 9시였다. 앞으로 정확히 8시간 뒤에 면접을 보게 된다. 자신이 자주 찾는 24시 동대문 수선집에 맡기고 새벽에 픽업해 줄 테니 아무 걱정 말고 한숨 푹 자라는 그의 말에 나는 더 엉엉 울었던 것 같다.

날 낳아준 엄마보다 만난 지 얼마 되지도 않은 남자친구가 나를 훨씬 위해준다는 생각에 고맙고 서럽고 여러 가지 감정이 뒤엉켰다.

1년 안에 승무원이 되어서 이런 다정하고 안정적인 남자에게 시집가는 데 성공하고 싶었다. 당시 나에게 승무원이라는 목표는 꿈이라기보다는 성공을 위한 수단이었던 것 같다.

아침부터 수선된 면접복장을 갖고 데리러 온 남자친구는 내 얼굴을 보고 웃음을 감추지 못했다. 안 그래도 쌍꺼풀이 없어 크지 않은 눈인데 통통 부어서 눈을 감았는지 떴는지 알 수 없는 형태였기 때문이다. 밤새 얼음찜질을 했건만, 또다시 서러움에 눈물이 나오려고 했지만 메이크업 샵 언니의 정색에 나는 울음을 뚝 그칠 수밖에 없었다. 겨우겨우 눈을 그려 넣기는 했지만 여전히 거울을 보면 속상해져 눈물이 날 것 같아서 그냥 내 얼굴에 대한 자신감은 싹 다 잊어버려야 했다.(10년이 지난 지금도 나는 엄마에게 이 얘기를 할 때마다 서러움이 솟구친다.)

엄마보다 훨씬 더 내 착한 남자친구의 응원을 받으며 수험표를 곱게 옷핀에 꽂고 면접 대기실에 들어간 순간, 맙소사. 시장판을 방불케 하는 어마어마한 인원들이 대강당 규모의 대기실에서 우글거리고 있었다. 낯익은 얼굴들도 보였고 정말 눈이 돌아가게 예쁜 지원자들 그리고 다행히 뚱뚱하고 못생긴 지원자들도 많았다. 기가 죽을 겨를도 없이 가지각색의 지원자들을 구경하고 있는 사이 내 이름을 호명하는 진행요원.

역시 한국 최고 항공사의 면접 시스템은 정말 체계적이었다. 조는 A, B, C, D 총 4개의 조로 나뉘어서 각각 7명씩 한 조로 구성되었다. 기껏해야 지원자 100명이 전부였던 말레이시아항공 면접과는 비교할 수 없는 대규모 면접이었다.

나 또한 이번 면접만큼은 연습 삼아 보았던 말레이시아항공의 면접과는 달리 나름대로 진지하게 준비해왔다. **특별한 비결은 아니지만 지금도 주변에 추천해주는 간단하면서도 고효율의 노하우랄까.**

평소 큰 키 때문에 조금이라도 높은 힐을 신으면 내 스스로가 너무 거인같이 느껴졌기에 생애 처음으로 7㎝ 면접구두를 신었을 때 내 모습은 흡사 기린이 물을 먹기 위해 엉거주춤한 자세로 힘겹게 서 있는 그런 몰골이었다. 면접장 문 앞에서부터 면접관 앞까지 구두를 신고 또각또각 예쁘게 워킹을 하기 위해서는 우선 내 팔자걸음부터 고쳐야 했고, 구두를 신고 다니는 것부터가 익숙해야 했다. 승무원이 되고자 맘먹고 나서부터는 1시간 30분이 걸리는 통학길을 매일 구두를 신고 다니며 새끼발가락을 혹사시켰고 나보다 키가 작은 남자 선배들의 따가운 눈총 속에서도 꿋꿋하게 먼저 웃으며 인사를 건넸다.

나는 사실 애초부터 활짝 웃는 그런 해맑은 아이가 아니었기에 눈웃음이 전혀 없었다. 승무원에게 미소는 공기 같은 거라던 세진의 말을 듣고, 나는 매일 혼자 활짝 웃는 사진을 찍으면서 미소를 체크했다. 정말 잘 웃는 친구들을 보면 항상 예쁜 척 살짝 얄밉게 미소 지으며 사진 찍는 나와는 달리, 정말 이빨 12개를 시원하게 다 보이며 한껏 활짝 웃는 걸 봤기 때문이다. 미소 교정기고 뭐고 나는 그냥 무식하게 입꼬리를 올리고 눈꼬리를 내려서 일명 '꼬리붙이기' 연습을 했다.('꼬리붙이기' 명칭은 그냥 내가 있어보이게 만들었다.)

아는 사람들을 만날 때는 무조건 먼저 웃으며 인사했고, 특히 처음 만나는 낯선 사람에게 웃으며 인사하는 것은 나만의 성공 미션이었다.

나의 이야기: 이른 성공, 뒤늦은 고난

처음 만나는 버스기사님께 별일 없이 먼저 웃으며 인사한다는 것은 뭔가 민망하고 창피한 일이었지만, 나중에는 기사님의 기분 좋은 답인사까지 받을 만큼 어느 정도 기분 좋은 미소를 건넬 줄 아는 사람이 되었다.

한마디로 면접관 앞에서 기분 좋게 웃으며 말할 정도의 미소를 스스로 단련했던 것이다. 당시에는 승무원에 대한 정보가 많지 않았기에 **내 나름대로 승무원다운 태도를 습관화시켰던 것이 생각보다 너무 좋은 결과를 만들었다.** 물론 앞만 보고 달리는 적토마 같은 성격 탓에 운 좋게 얻어걸린 것이지만.

면접관들은 부모님이나 남자친구가 아니다

큰 거울을 앞에 두고 진행요원의 지시에 따라 다같이 인사를 맞춰보고는 b조 대기 의자에 앉아 기다리면서 같이 면접을 보게 될 지원자들과 간단하게 통성명을 했다. 다들 나처럼 나이도 어리고 처음 지원해보는 사람들이었다. 정말, 정말 감사하게도 대기실 안을 가득 메웠던 정말 예쁜 지원자들은 우리 조에 없었다. 이건 정말 자만이 아니라(예전의 재수없던 시각에서 벗어나 이때는 어느 정도 내 위치를 잘 알고 있었다.) 객관적으로 우리 조에서 누군가 붙는다면 '나' 혼자 붙거나 모두 떨어지거나 정도였다. 내 퉁퉁 부은 눈 때문에 적잖이 떨어졌던 자신감이 조금은 끌어 올라왔고 기분 좋게 면접장에 들어갈 수 있었다.

　나는 2번이었다. 1번은 홍조 띤 얼굴에 잔뜩 여드름 흉터가 뒤덮인 아이. 3번은 키가 155정도 되는 작은 아이. 4, 5, 6, 7번은 기억에 남지도 않을 평범한 사람들이었다. 7번은 예쁘장한 외모였지만 첫눈에 거만함이 번지르르 흐르는 타입이었다. 한마디로 정말 환상적인 대진표인데다가 이미 이전에 면접을 경험해 보았기에 생각만큼 떨리지는 않았다.

　열을 맞춰 다같이 인사를 하고 내 차례가 오자 우렁찬 목소리로 수험번호를 말했다. 사무장으로 보이는 여자 면접관과 인사과 부장급으로 보이는 아저씨 한 분이 뚫어지게 내 쪽을 쳐다본다. 대략 10초 가량 머리부터 발끝까지 꿰뚫어보는 시선에 발가벗겨진 기분이었지만 확실히 이쪽을 보는 것이 느껴지면서 '그래 이건 관심이야.'라는 확신이 들었다.

　전공과 승무원의 연관성을 공통으로 물어본 후, 각자 한 명씩 이력서를 기반으로 한 개별질문을 던졌다. 승무원이 되면 가장 먼저 가보고 싶은 도시가 나의 개별 질문이었고, 이미 스터디에서 숱하게 다루었던 쉬운 질문이었기에 무난하게 답할 수 있었다.

　대략 10분 가량 짧은 면접을 마치고 면접장을 나오면서 신기했던

나의 이야기: 이른 성공, 뒤늦은 고난

것은 심장이 딱 기분 좋게 빠르게 뛴다는 것이었다. 면접이라는 것은 역시나 떨리고 긴장이 되지만 나에게는 딱 기분 좋은 떨림이었다. **이런** 생각이 들었던 이유는 내 가슴속에 초조함보다는 여유가 조금 더 크게 자리하고 있었기 때문인 것 같다. 마지막 면접이라는 사명감 같은 마음가짐이었다면 내 심장은 야속하게도 온몸에 피가 통하지도 못하게 빨리 뛰었을 것 같다. **지금 생각해보면 내가 잘나서가 아니라, 운이 좋아서도 아니라, 첫 지원. 그리고 스물셋의 여유가 생각지 못한 결과를 만들어냈던 것 같다.**

요즘은 면접장에서 통성명을 하며 핸드폰 번호를 교환해 언제든 단체로 편하게 연락하는 스마트폰 세대이지만, 당시에는 2g 그냥 핸드폰이었기에 따로 연락처를 교환한다거나 하는 건 없었다. 하지만 면접장을 나오면서 다들 내 쪽을 힐끗 보는 건 아마도 나에 대한 면접관의 관심을 모두 느꼈기 때문이리라 생각된다.

1차 실무 면접 발표날.

떨리는 손으로 채용 홈페이지에 로그인을 하고, 수험번호를 입력하고, 비밀번호를 입력하고. **이 모든 과정은 취업 준비생들은 모두 똑같이 느낄, 심장 소리가 온몸으로 진동하는 상태에서 진행된다.**

다행히 동시 접속자 수가 많아 계속해서 로그인이 튕기는 덕분에 '확인하기' 버튼을 누를 때마다 긴장감은 조금 떨어질 수 있었다. 대략 스무 번쯤 클릭을 반복했을까. 페이지가 바뀌었다.

서른, 우리는 실패를 즐기기로 작정했다

흰 바탕의 화면에 연한 색상의 꽃다발 그림과 함께,

'축하합니다.'

이루 말할 수 없는 기쁨과 승리감과 가능성, 그리고 목표한 것을 이루었다는 성취감에 앉은 자리에서,

'앗싸. 붙었다!!!'

네가 붙을 수 있겠냐며 무시하던 엄마의 통쾌한 축하와 함께 가장 원초적이고 유아적인 탄성이 터졌다. 이런 것이 행복감인가. 태어나서 처음으로 목표한 것을 이룬 기념비적인 순간이었다.

정말 가고 싶은 국내 굴지의 대기업. 최고 항공사였기에 기쁨은 더했다. 물론 눈물겨운 노력까지는 해보지 않았기에 벌써 이렇게 합격해도 되는 건가 하는 순진한 의구심도 들었지만 정말 여기까지만으로도 기특하고 또 만족스러웠다는 말이 맞는 것 같다.

기쁨이 섞인 여러 가지의 뒤섞인 감정을 느낄 새도 없이 대망의 2차 임원 면접이 나를 기다리고 있었다. 당시 여러모로 부족했던 나에게 '이 관문만 넘으면 끝이다'는 생각은 감히 할 수조차 없었다. **다만 최종면접은 어떤 건지 간이나 보고 오자. 큰 실수 없이 기분좋게 잘 웃고 오자, 정도의 마음가짐.**(그게 바로 합격비결이라는 걸 이제야 느낀다.)

2차 면접에는 개별적인 면접복장이 아닌 한국항공 승무원들이 실제 입는 유니폼을 착용하고 면접을 본다. 역시 한국항공의 스케일이란. 노란빛 피부에 잘 어울리는 색상의 유니폼을 고심 끝에 골라 입

고 대기실에서 기다리는데, 현직 승무원이라 해도 믿을 만큼 정말 예쁜 지원자들이 이미 착장을 마치고 기다리고 있었다.

한 조에 5명 중 나는 이번에도 역시나 2번이었는데, 1번 언니는 패션쇼에 서는 현직 모델이었고 3번은 임원면접만 3번째인 노련해 보이는 항공운항과 출신 지원자였다. 4번은 편안한 인상의 소유자로 특별히 눈에 띄는 외모는 아니었기에 안심이었으나 5번은 정말 곱고 하얀 피부에 웃는 모습이 너무 예쁜 지원자였다. 확실히 1차 면접과는 수준이 다르다는 것이 느껴졌다. 별들의 전쟁인가.

적막의 기다림 끝에 우리의 전 조가 면접을 마쳤는지 퇴장하면서 모두가 드디어 입실을 위해 긴장하고 있는 찰나, 임원으로 보이는 나이 지긋한 할아버지 한 분과 면접관들이 면접장을 나서 이쪽으로 오고 있는 것이 아닌가.

이게 무슨 상황인지 다들 얼음이 되어 일어나지도 앉지도 못하는 상황에 '대빵'으로 보이는 할아버지(나중에 알고 보니 한국항공 상무였다.)가 내 앞으로 휘적휘적 걸어오더니 대뜸 묻는다.

'이거 가방 어디서 받은 건가?'
2차 임원면접에는 어학성적표나 졸업예정서 등의 증명서류를 갖고 와야 했기에 나는 다니던 회화학원(이름이 WALL STREET INSTITUTE였다.)의 이름이 대문짝만하게 박힌 손잡이 달린 서류가방 파일을 들

서른, 우리는 실패를 즐기기로 작정했다

고 있었다.

　이건 무슨 상황인가. 앉은 자리에서 굳어버렸던 나는 이 이상한 할아버지가 대체 왜 이러는지 알 수는 없었지만 어쨌든 공손하게 답했다.

　"아 네, 월스트리트 회화학원에서 받았습니다."
　"그럼, 뉴욕 월스트리트가 아닌가?"
　"네. 한국, 서울, 신촌에 있는 학원입니다. 신촌 말고도 강남이나 여러 군데에 있습니다."
　"아 그렇군. 난 또 뉴욕에서 받은 줄 알았지."

　뉴욕이면 어떻고 한국 서울, 그것도 신촌이면 어떤가. 대체 어디서 받았는지가 왜 궁금한 건지. 월스트리트에 무슨 연관이 있는 사람일까, 하여튼 이상한 상황을 만들어준 괴짜할아버지 면접관 덕분에 면접 직전의 긴장은 완벽하게 사그라들었다.

　면접 직전에 면접관들과 본의 아니게 안면도 텄을 뿐더러 대화까지 해본 사이였기에 면접장의 분위기는 사뭇 편안했다. 면접관의 시선은 고루고루 훑어보는 느낌이었으나 할아버지의 시선은 확실히 눈에 띄는 외모의 1번과 5번에 많이 머물러 있었다.

　공통 첫 질문으로 승무원이 되고 싶은 간단한 지원동기를 요청했으나 내용을 경청한다기보다는 말하는 느낌과 태도를 보는 것 같았다. 1번 모델 언니는 대기실에서 모델 출신이라는 사실을 공공연하게 이야기해주며 당당함을 뽐냈지만 막상 면접에 들어가니 얼굴이 터질 만큼 빨개졌다. 당연히 주어진 개별질문에는 말을 더듬느라 제대로 된 답을 하지 못했다.

2번 나의 차례. 당시 나의 학점은 3.01, 형편없는 학점이었다. 언제나 물어보려나 생각하던 와중에 역시 면접관은 이력서를 조금 훑어보더니 날카로운 시선으로 나를 바라보며 묻는다.

"학점관리는 어떻게 하셨나요?"

학점관리를 정말 어떻게 했는지 궁금해서가 아니라 학점이 왜 이모양인지. 부족한 걸 스스로 인정하라, 라는 무언의 압박이었다.

"네. 사실 저는 학점이 부족하다는 것을 잘 알고 있습니다. 대학교에 막 입학했을 때는 대학생활을 즐기고 싶었기에 동아리활동이나 봉사활동 등을 주로 하다 보니 학점에 소홀했던 것 같습니다. 그렇지만 3학년이 되면서 학점은 학생의 성실도를 평가하는 중요한 기준이라는 것을 알았기에 반성하고 다시 열심히 공부했으나 다시 올리기가 힘들었던 것 같습니다. 그래서 이것을 계기로 영어 성적만큼은 열심히 만들었던 것 같습니다. 앞으로 매사 성실한 사람이 되겠습니다."

내가 생각해도 진솔한 척 반성하는 척, 진심 섞인 거짓말이 완벽하게 포장까지 되어 술술 나와서 놀랐다. 그런데 갑자기 졸린 척 가만히 의자에 기대있던 할아버지 면접관이 묻는다.

"무슨 동아리 활동을 했나?"
"네, 광고동아리 활동을 했습니다."
"그 동아리에서는 뭘 하는데?"

꼬리에 꼬리를 무는 질문들, 동아리 활동을 비롯해 봉사활동에 대한 질문들까지 거의 10개 정도의 간단한 질의응답이 왔다 갔다 했다. 그땐 나에게 정말 관심이 많구나 하는 생각에 기분 좋은 거짓말들을 자신감 있게 늘어놓았는데, 지금 생각해보면 그들은 어느 정도 거짓말이라는 걸 알고 있기에 계속 시험해 보았던 것 같다. 부모님이나 남자친구에게 늘상 성공했던 가벼운 거짓말 실력이 면접관들에게까지 통할 것이라는 생각은 큰 착각이었다. 아마 10가지의 질의응답 중 4가지 정도는 진실, 6가지는 거짓이었기에 시험이 길어졌던 것 같다. **면접관들은 웃는 얼굴로 속인다고 속일 수 있는 호구가 아니다.**

"영어실력이 좋은 것 같은데 어학연수는 어디로 다녀왔어요?"
영어 인터뷰에서 좋은 성적을 거두었는지 할아버지 면접관이 안경을 다시 한 번 고치고 이력서를 훑으면서 묻는다. 마지막 질문인 것

나의 이야기: 이른 성공, 뒤늦은 고난

같았다. 순간 내 머릿속에 불현듯 떠오른 것은 그놈에 '월스트리트'.

"네. 저는 어학연수를 따로 다녀오지는 못했지만 아까 면접관님께서 보신 가방의 월스트리트 회화학원에서 영어공부를 정말 열심히 했습니다. (웃음) 물론 뉴욕이 아닌 한국의 월스트리트입니다."

답변이 끝나자마자 나는 물론이거니와 멋쩍은 듯 허허 웃는 임원 할아버지를 비롯한 모든 면접관들과 지원자들이 폭소했다. 아까 대기실에서의 '월스트리트'는 모두에게 쉽게 잊혀지지 않을 만큼 돌발적이었고 쉽게 볼 수 없는 상황이었기 때문이다.

누군가에겐 짧고 또 누군가에게는 굉장히 긴 시간의 임원면접이 끝나고, 이게 잘한 건지 못한 건지 상황판단을 하기엔 어렸던 나는 잘은 몰라도 한 가지 확실한 건 알 수 있었다. 아름다운 미소와 외모로 면접관들을 사로잡지는 못했지만, 평소의 내 모습처럼 타고난 나의 재치로 면접관들을 웃겼다는 것이다. 나에게 주어진 단 한 발의 장전된 총알을 제대로 쏜 느낌이었다.

첫 단추를 눈감고 꿰다

개운했다. 일생일대 가장 중요한 내 멋진 인생의 첫 단추를 끼우는 것이 생각보다 허무하다는 생각까지 들 정도였다. 면접 후기를 접한 주변인들은 합격을 당연시했고 덕분에 나는 일주일을 앞둔 최종 발표까지 큰 떨림 없이 기분 좋게 기다릴 수 있었다.

발표는 금요일 6시 정각. 아무리 면접을 잘 봤다 하더라도, 기분 좋은 기다림은 발표 당일 날에는 절대 통하지 않는다. 아침부터 집에서 아무것도 하지 못하고 시간이 빨리 가기만을 기다린다. 차라리 약속이라도 잡아놓을걸, 후회하는 사이에 이도 저도 못한 길고 긴 시간이 지나고, 드디어 시계는 6시를 가리킨다.

컴퓨터를 앞에 두고 초집중하는 내 모습에 부엌에서 저녁준비를 하던 엄마도 하던 일을 멈추고 정적을 만들어준다.

한국항공 채용 홈페이지로 들어가 로그인, 객실승무원 채용전형 결과 확인 클릭, 수험번호 입력란에 번호를 넣고 확인 버튼 클릭, 무의식적으로 그냥 아무렇지도 않게 마우스를 눌러버리고 말았다.

'잠시만 기다려 주십시오.'

아. 이미 내 손을 원망하기에는 저질러버렸다. 차라리 확인버튼을 커서에 두고 백만 번 정도 클릭할까 말까를 망설일 극도의 긴장상태

를 오히려 건너뛰었다며 기분좋게 생각하자.

찰나,

'축하합니다. 귀하는 금번 객실승무원 채용 2차 면접에 합격하셨습니다.'

기쁨과 감동, 그리고 기쁨을 주체할 수 없는 환희의 감정. 손을 입으로 가리며 감격스러운 듯 흐르는 한 방울의 눈물. 이런 건 다 드라마에서나 나올 법한 교양 있는 감정 표현일 뿐이다. 정말로 기쁜 사람의 반응은 소리 지르고 날뛰며 포효하는 것이다.

"엄마 나 합격했어!!!!!!!!!!!!!!!"

어느 정도 예상은 했었지만 이렇게 기쁜 적은 세상 태어나 처음이었다. 네가 어떻게 될 수 있겠느냐며 괜한 기대 말라며 핀잔 주던 엄마는 부엌에서 그대로 달려와 나를 안아주었다. 힘이 좋았다면 헹가리라도 해줄 기세였다. 흡사 20년 만에 만난 모녀 상봉의 형상으로 얼싸안고 있던 와중 퇴근하고 돌아온 아빠는 당연히 붙을 줄 알았다며 생각보다 덤덤했다.

그날 우리 가족은 유난히도 맛있는 저녁식사를 했다. 엄마는 불판을 꺼내어, '투뿔' 꽃등심을 구웠고 아빠는 밥을 세 그릇이나 먹었다.

'중간'의 미학: 사회 생활 꿀 팁

그해 여름 강력한 전염병이었던 '신종 플루'가 한국을 휩쓸었다. 전염병 특성상 단체로 모이는 일을 극도로 꺼리는 한국 정서상, 한국항공의 객실승무원 훈련이 조금 미뤄진 덕분에 나는 6개월간 학생도 아니고 백수도 아니고 직장인도 아닌 합격자 신분으로 성취감에 기뻐하며 꿀 같은 휴식을 보낼 수 있었다. 아마 살면서 가장 행복하고 게으르던 때가 아닐까 싶다. 도서관에서 공부하는 남자친구 옆에서 대놓고 잠이 들고, 학교 동아리의 갖은 행사는 전부 참여하며 주변의 부러움을 샀다.

입사가 늦어진 만큼 이때는 어서 빨리 입사를 하기를. 유니폼을 입기를. 비행하기만을 학수고대했건만, 막상 입사일을 받아들고 첫발을 내딛는 신입 오리엔테이션 날 나는 그동안 주어졌던 6개월에 안도하고 감개무량할 따름이었다. 이곳은 내가 생각했던 우아하고 지성미 넘치는 집단이 아니었다. 간략하게 한마디로 설명하자면 여군이었다.

훈련원에 있던 3개월 동안 나는 승무원이 갖춰야 하는 서비스 능력과 안전을 지키는 훈련요원으로서의 자질을 배우는 것이라고만 생각했지만, 회사 측에서 훨씬 더 중요하게 강조하며 요구한 것은 바로 조직에 적응하는 능력이었다. 그 능력만 있다면 아프리카 오지에서도 살아남을 수 있으리라.

한국의 조직사회에 몸담고 있는 사람이 어디서든 쉽게 적응할 수 있는 필수적인 자질은 바로 조직 내에서 절대 튀지 않는 능력이다.

정해진 규칙을 지키는 것과 함께 중간의 위치를 차지하는 것이 목표다. 눈치 없는 모자란 행동으로 크게 눈 밖에 나지 않는 것, 선배보다 잘난 능력으로 눈엣가시가 되지 않는 것도, 또한 선배들에게 예쁨 받는 행동만 골라 함으로써 동료들을 적으로 만들지 않는 능력. 한마디로 뛰어나지도 않고 뒤처지지도 않는 중간의 위치에 남아있는 것이다. 그러면서도 실수 없이 일을 해내며 멀리 봤을 땐 진급에 뒤처지지 않아야 하는, 한 마디로 거대조직 속 미생의 삶인 것이다.

서른, 우리는 실패를 즐기기로 작정했다

'나'만의 승부수를 찾아라: for 취업, 결혼

앞에서도 거듭 언급했지만, 나는 대학교 때까지는 심심치 않게 오빠들의 구애를 받는, 꽤 인기가 있는 편이었다. 덕분에 나는 내가 어느 정도 예쁜 편이라고 생각했다. 당연히 여성에게 잘 보이기 위한 구애의 말들에는 '넌 참 예쁘다' 내지는 '내 이상형이다. 내 스타일이다.' 가 포함되어 있기 때문이다. 입바른 말들로 넘어올 만큼 어렵지 않은 만만한 외모라는 생각은 꿈에도 해본 적 없었다.

원래 외모와 인기는 비례하지 않는 법이다. 왜냐면 정말 예쁘고 아름답다 칭송받는 미인들은 칭송과 입바른 말들로 접근하기에는 부담스럽기 마련이기 때문이다. 그래서 부담스럽게 예쁘지도 못나지도 않은 호감 가는 평범한 외모의 여성이 인기는 가장 많다. 물론 '호감'이라는 전제 조건이 필요하지만, 그건 크게 어렵지 않다. 그저 만났을 때 잘 웃어주고 리액션이 좋다면 왠지 나의 고백을 매몰차게 거절할 것 같지 않기 때문에 인기가 많은 것이다.(사실 여자들의 입장도 마찬가지다. 조각미남보다는 깔끔한 인상의 남자들을 선호하는 이유와 비슷하다.)

이런 불변의 진리를 알게 된 것은 입사를 하고 신입 오리엔테이션 날이었다.

당시 2009년도 신입승무원 공채로 약 120명 정도가 뽑혔는데, 그중 80명이 국제선 승무원, 그리고 40명 정도가 국내선 승무원이었다. 당시에는 국내선 승무원의 경우, 미인대회 출신이나 정말 예쁜 항 공운항과 학생들은 추천전형이 있을 만큼 미인들을 특히 선호했다.

옹기종기 모여 앉은 그녀들을 보면서 내 스스로 자신에 대한 엄중 하고도 정확한 평가를 내릴 수 있었다. 호감형 태도와 표정을 지녔으 나 외모 자체는 정말 평범한, 그냥 키만 큰 일반여성이라는 걸 말이 다. 그네들은 대부분 너무 크지도 적지도 않은 이상적인 키 168 이상 의 늘씬한 팔다리와, 한 대 치면 부러질 듯한 가녀린 몸매에 작고 하 얀 얼굴에는 커다란 눈코입이 가득 차있었다. 한두 명만 예쁜 것이 아니라 정말 모조리 예뻤기 때문에 나는 거울을 보기에도 부끄러울 지경이었다.

물론 나와 같은 평범한 사람들도 있었지만, 60퍼센트 이상은 미인 대회를 방불케 하는 요즘말로 '존예'(정말 예쁜 사람들을 격하게 지칭하는 말)들이었다.

이 역사적인 날을 시작으로 나는 '성형'에 대해서는 꿈도 꾸지 않게 되었다. 왜냐하면 아무리 눈을 키우고 코를 높이고 얼굴을 깎아보았 자 저들보다 예뻐질 수 없다는 것을, 아니 저렇게 될 수는 없다는 것 을 뼈저리게 느꼈기 때문이다. 마치 노력형 예술가들이 천재 예술가 들에게 느끼는 무기력감이랄까.

그렇다면 '나'만의 승부수는 무엇이 될 수 있을까. 고민이 같이 시 작되었다. 생각해보면 학교를 다닐 때부터 뛰어난 성적은 아니었지 만 항상 선생님들은 날 예뻐하곤 했다. '너는 미워할 수가 없는 캐릭터다.' 학원을 땡땡이치려다 걸려 잡혀 들어간 원장실에서 들었던 얘기다. 또 학교 오빠들이나 언니들, 친구들이나 항상 나를 두고 하는 얘기는 '너랑 있으면 편하다'라는 거였다.

어떤 곳을 가도 낯설어하거나 어색해하지 않고 먼저 웃으며 말을 걸고 기분 좋은 분위기를 만들어 금세 적응하는 나의 친화력 덕분에 인기가 많다는 사실을 새로이 알게 된 나에게 가장 큰 매력은 바로 '성격'이었다.

나에게 외모가 주어지지 않았다면 이 유쾌하고 밝은 성격으로 커버하자. 이렇게 내로라 하는 예쁜 미인들과 어깨를 나란히 할 수 있던 계기도 면접관을 사로잡은 나의 화술 덕이지 않은가. 나의 새로운 다짐이었다.

●

고군분투 3막:
미생, 승무원

승무원, 생각보다 쉽지 않다 1
: 군대 훈련소 = 항공사 훈련원

훈련원에서의 3개월은 시간이 훌쩍 지나가기에는 정말 군
대 같았다. 군대를 실제로 가 본 적은 없지만, 군대라는 곳은 이런 시
스템이구나 하는 생각에 군대에서의 영웅담을 따분하게 늘어놓던
학교 선배들을 이해할 수 있었다.

한 달여간 이루어지는 안전훈련에서는 항공기의 모든 기종에 대
해 알아야 했는데, 안전장비의 위치와 사용법부터 비상시 벨의 위치,
문의 개폐 여부, 비상 상황별 승객 대피요령부터 심지어는 심장이 멈
춘 승객들을 위한 심폐소생술까지 완벽하게 숙지해야 했다. 그저 기

내식 카트를 천천히 밀며 웃는 얼굴로 비빔밥과 소고기 메뉴를 우아하게 여쭙던 승무원 언니들이 위대해 보이는 순간이었다.

그리고 뒤이어 두 달여간 이루어졌던 서비스 훈련에서는 승객들이 비행기에 탑승한 순간부터 하기하는 순간까지의 모든 업무를 뇌리에 박아놓아야 했다. 각 노선별 서비스 procedure부터 메뉴의 이름, 나라별 각각 서비스되는 와인의 종류, 음료의 가짓수부터 어떤 노선에 땅콩이 서비스되는지 혹은 간식이 서비스되는지에 이르기까지 계속된 실습과 필기시험의 연속이었다.

그러나 앞으로 우리의 일터가 될 기내에서 실제로 하게 될 업무가 바로 이런 것이구나 하는 부푼 기대감과 예쁜 유니폼을 입고 '나는 승무원, 너는 승객' 역할을 돌아가면서 실제 상황을 방불케 했던 실습의 흥미로움은 동기애를 불어넣었다.

그렇게 뜻깊게 보낸 세 달여간의 시간이 빨리 지나가기만을 바랐건만, 막상 수료일을 앞두고 비행 스케줄을 받아들자 이대로 시간이 멈췄으면 하는 두려움뿐이었다.

왜냐면 승무원은 실수를 해서는 절대 안 되는 직무 중에 하나이기 때문이다. 실수로 깜박하고 선반을 체크하지 않았다가는 착륙 중 노트북이 떨어져 승객의 머리를 가격할 수 있고, 졸린 눈을 부비며 어둔 기내 통로를 카트를 밀며 지나가다 잠든 승객의 무릎을 쳤는데 하필 그 승객이 몸이 전 재산과도 같은 운동선수일 수도 있고, 또 물기에 손이 미끄러워 커피잔을 놓치면서 승객이 그대로 화상을 입는 사태가 벌어지는 무시무시한 상황들은 모두 어쩔 수 없는 작은 실수에서부터 시작된다. 일상적으로 범할 수 있는 작은 실수의 무게는 기내에 특히 안전을 지켜야 하는 서비스 직군에 있어서는 너무 무겁다. 천성적으로 덤벙거리는 성격 탓에 실수를 달고 다니는 나로서는 여간 부담이 아닐 수 없었다.

인터넷에 떠돌아다니는 승무원의 대표적인 이미지를 보면 잠든 아이를 안고 있는 따뜻한 승무원의 미소, 잠든 승객에게 우아한 몸짓으로 이불을 덮어주는 승무원의 사진들이 대부분이다. 그리고 그 밑에 '승무원은 어머니 같은 따뜻한 사람이에요. 어떠한 상황에도 웃어야 하는 강인함이 있어야 하죠.' 등등 줄지어 감성적인 단어와 오글거리는 문장들을 나열한 글들은 **승무원이 되고 싶은 이들이 본인들이 꿈꾸는 이상적이고 전문적인 이미지를 만들어내기 위해 예쁘고 따뜻하게 풀어내었을 뿐, 막상 닥쳐보니 따뜻함이고 강인함이고 뭐고 이건 그냥 현실이었다.**

첫 팀을 미리 배정받고 '안녕하십니까. ○○○선배님 신입승무원 ○○○입니다.'를 시작으로 하는 신입다운 당찬 포부와 정중함, 고개 숙임이 묻어나는 장문의 메일을 14명 남짓한, 모든 팀원들에게 돌렸다.

혹여나 잘 봐줄까 싶어 초등학교 때 '마니또'에게나 줄 법한 작은 선물 봉투에 사탕과 초콜릿, 캐러멜 등 달다구리들과 함께 잘 부탁드린다는 내용의 쪽지를 정성스레 포장해 준비해 두었다. 잘 다려 뜨끈한 유니폼을 입고 드디어 첫 출근. 내 인생 가장 임펙트 있었던 대망의 역사가 시작되었다.

승무원, 생각보다 쉽지 않다 2
: 첫 출근

**그토록 입고 싶던 따끈한 새 유니폼을 입고 첫 출근하
는 기분은 이루 말할 수 없다.**

우리 집 앞, 리무진 버스정류장에 고운 백조와 같은 유니폼 핏을
자랑하며 여행 가방과 함께 우뚝 서있던 승무원 언니를 부럽게 바라
보던 예전의 나처럼 지나가던 동네 사람들의 시선들 역시 모두 나에
게 꽂힌다. 분명 '멋지다' 같은 뉘앙스의 동경과 부러움이 섞인 시선
일 것이다.(나만의 생각일지도 모르지만.) 리무진 버스 기사님 역시 내 무
거운 캐리어를 번쩍 올려주시며, 반갑게 맞아주신다.

지금 생각해보면 유니폼 색상과 맞추겠다며 의욕적으로 시퍼런
'아이섀도'를 마구 떡칠한 모습이 신기해서일지도 모르겠다.

하여튼 마치 과거 작은 산골마을에서 장원급제하여 출세한 선비
의 행차인 양 혼자 자랑스러웠던 나의 기념비적 첫 출근길의 도착지
인천공항은 그야말로 새롭게 펼쳐진 신세계였다.

천장은 온통 유리로 도배되어 하늘의 뭉게구름이 그대로 보였고,

바닥은 대리석을 깔아놓은 듯 반짝였다. 각종 화려한 상점들이 문을 열었고, 마치 영화에 나오는 외국 공항 같았다. 이곳이 앞으로 매일 출근할 나의 일터다. 나와 같은 유니폼을 입은 수백여 명의 항공사 승무원들이 도도한 표정으로 공항을 바삐 오가고 있었고, 직급이 높은 사무장들은 근엄한 표정만으로도 척하니 알 수 있었다.

나의 첫 비행, 런던행 항공기 출발시각은 오후 3시. 그리고 승무원들은 해당 비행편의 특이사항과 안전, 서비스 업무를 비롯한 승객 정보 공유를 위해 출발 1시간 45분 전, 공항의 회사 사무실에서 브리핑을 한다. 시간 엄수가 생명인 승무원 중에서도 신입의 시계는 항상 한 시간이 빨라야 한다. 게다가 처음 팀에 인사하는 자리이니만큼 이른 아침부터 옷매무새와 여권, ID 카드 등등 챙겨야 하는 필수 휴대품을 두 번 세 번 꼼꼼하게 체크하고 3시간 30분 전 도착했다. 길치에다 낯선 곳에서는 방향감각 제로인 나에게 절대 여유롭지 않은 시간이었다. 물어물어 눈치껏 도착한 런던편 브리핑 룸에는 이미 도착한 선배님들이 몇 명 있었다.

"안녕하십니까. 새롭게 138팀에 조인하게 된 신입승무원 강은희입니다. 잘 부탁드립니다."

훈련소에 방금 입소해 잔뜩 긴장한 일병과 같은 표정으로 선배들

서른, 우리는 실패를 즐기기로 작정했다

과 눈이 마주치자마자 90도 각도로 허리를 접은 폴더 인사를 보인다.

"아 반가워요. 나도 잘 부탁해요."

아, 다행히 시작이 나쁘지는 않았다. 생각보다 상냥하게 웃으며 답해주시는 선배님의 답인사에 감개무량하다. 지금 생각해보면 중전마마님께 인사를 올리자 친히 웃으며 답해주시는 하해와 같은 성은에 감동하는 무수리의 심정이었다. **그만큼 선후배 간의 질서와 규정이 엄격한 곳이 항공사지만 단, 이것은 신입 막내승무원에게만 해당된다.** 어느 항공사든 비행을 50번 이상 경험하게 되는 6개월 이후부터는(넉넉하게는 1년) 비행도, 선후배 관계도 익숙해질뿐더러 새롭게 들어오는 막내에게 모든 선배들의 관심이 집중된다. 코에 바람이 들어 언니들에게 모든 여자들의 관심사인 남자 얘기로 친한 척도 해보고 사무장님께 농담 한두 마디 건네면서 이 집단에 완벽하게 소속되는 것이다.(이건 모든 사회 집단들이 마찬가지일 것이다.)

한두 명씩 브리핑실 문을 열고 들어올 때마다 내 허리는 자동으로 90도로 꺾였고, 개중에는 그런 신입의 신선함과 풋풋함에 귀엽게 여겨주시는 선배들도 있었다. 드디어 이 팀의 대장, 팀장님이 들어오신다. 나이 지긋한, 아빠뻘 되는 인자한 인상의 아저씨였다. 얼른 달려가서 준비해둔 선물보따리와 함께 이번에는 120도 인사.

나의 이야기: 이른 성공, 뒤늦은 고난

"잘 부탁드립니다."

역시나 인자하게 웃어주신다.

대체 뭐가 무섭다는 거지. 훈련원에서 지옥 같을 거라 경고한 세 달이라는 처음 신입의 시간이 의아했다. 그렇지만, 나의 지옥 같은 시간은 비행기에 오르자마자 시작되었다.

승무원, 생각보다 쉽지 않다 3
: 승무원의 진짜 업무

간혹 시중에 나와 있는 승무원들의 에세이나 자서전들을 보면 신입 때의 고생은 눈물 한 방울과 땀 한 방울 정도로만 묘사되어 있고, 승객들에게 따뜻하게 미소 짓다가 금세 진급하며 최연소 사무장이 되어 있다. 간혹 이에 만족하지 않고 더 나아가 훈련원 강사로서 신입 승무원들을 교육하며 승승장구하다 결국 항공운항과 교수로서의 성공신화를 일구어 내는 승무원 분들을 꿈꾸며, 혹자들은 '나도 이분을 따라가겠어' 군은 다짐과 희망을 갖곤 한다. 그러나 말이 쉽고 글쓰기 쉬울 뿐, 경험해내는 것은 실로 대단한 것이다. **한마디로 여자들 속에서의 사회생활과 규칙, 규범을 준수해야 하는 생**

서른, 우리는 실패를 즐기기로 작정했다

활은 절대 쉽지 않다.

처음 비행기에 오르자마자 막내가 해야 하는 업무는 신문 카트를 차리는 것이다. 런던행 비행기에 탑승하는 승객들은 대략 330명. 그중 퍼스트 클래스와 비즈니스 승객들은 일반석 승객들의 2~3배 금액을 지불하고 탑승하는 것이기에 프리미엄 서비스를 제공해야 한다. 승객들의 숫자에 따라 신문을 따로 지급해드리고(예를 들어 퍼스트 승객이 세 명이면 각 주요 신문 3부씩 따로 준비해드린다.) 내 키만큼 쌓여있는 300인분의 신문더미들을 모조리 정리해 주요 신문끼리 모아서 보기 좋게, 승객들이 찾아가기 좋게 카트에 전시해놓는다. 이 모든 걸 완수해 내는 데 걸리는 시간은 대략 15분 정도. 처음이기에 솜씨 좋게 정리하기에는 턱없이 부족한 시간이다. 손마다 검게 묻은 신문 잉크 자국과 얇은 종이에 베인 상처를 매만지기도 전에 승객들이 탑승을 시작한다.

보안상 모든 승객들의 탑승권을 확인해야 하기에, 탑승하시는 승객 한 분 한 분 90도로 정중하게 인사하며, 정중하게 탑승권 확인과 좌석 안내를 병행한다. 대략 탑승을 완료하시면 얼른 어질러진 신문 카트를 정리해두고 좌석을 찾지 못한 승객이나, 선반 위에 무거운 짐을 올리는 승객들을 도와드린다. 제일 힘든 건 이미 트렁크가 꽉 찬 선반을 정리해서 새로 짐을 넣을 공간을 마련하는 것이다. 간혹 동남아 국적의 승객들은 트렁크에 바윗덩어리를 넣어두었는지 선반 위로 짐을 올릴 때, 허리가 끊어지는 듯한 고통을 느끼기도 한다.

"승무원은 아파도 항상 웃어야 해요."

눈물 한 방울 흘릴 듯한 뉘앙스의 감수성이 뚝뚝 묻어나는 문구 정도로 포장하기엔 승무원은 모두가 알고 있는 감정노동과 더불어 육체적으로도 힘든 직업이다. **기내에 있는 모든 승객들의 '먹고', '자고', '싸는' 것을 책임지는 직업이기 때문이다.**(지금 '힘들다'라는 말을 몇 번이나 하는지 모르겠다.)

승무원들이 각자 맡은 업무에 대해 설명하자면 이 책은 아마 1,000페이지는 넘을지도 모른다. 그만큼 비행기가 뜨고 내리고, 승객을 싣고 내리는 그 과정에서 수많은 절차와 규정과 프로세스가 요구된다. 장거리 비행 기준으로 간단하게 업무를 요약하자면.

기내 정리 및 점검 – 탑승 – 탑승권 확인 및 인사 – 짐정리 – 안전업무(안전벨트 체크 및 선반 체크) – 식사 서비스 준비 – 음료 제공 – 음료 회수 – 기내식 제공 – 기내식 회수 – 뜨거운 음료 & 와인 제공 – 입국서류 제공&설명 – 기내 면세품 판매 – 승무원 교대 식사 및 휴식(승객, 기내 체크 및 음료 서비스 & 두 번째 식사 서비스 준비) – 뜨거운 타올 or 물티슈 제공 – 음료 제공 및 두 번째 기내식 제공 –

뜨거운 음료 제공 – 기내식 회수 – 면세품 & 입국서류 다시 체크 –
안전업무 – 착륙 – 하기인사 – 유실물 체크

환하게 웃는 얼굴과 세련된 외모로 여유롭게 기내 복도를 조심스
레 걸어 다니는 승무원의 겉모습과 달리 이러한 속사정을 살펴보면
할 일은 정말 산더미 같다. 신입 시절에는 어린 나이 덕에 남아도는
체력과 바싹 긴장한 탓에 힘든 걸 느낄 수조차 없지만 1년만 지나도
2시간에서 길게는 15시간 동안 밤을 지새우며 쉴 새 없이 움직이다
보면 몸이 망가지는 걸 느끼게 된다.

앞서 언급했듯 기내에 있는 모든 승객들의 '먹고', '자고', '싸는' 것
을 책임져야 하는데다 최고 항공사의 이미지에 걸맞는 수준의 서비
스와 안전을 책임져야 하기 때문이다.

"승무원은 어디서 쉬어요? 승무원은 밥 어디서 먹어요?"

소개팅 자리 혹은 지인들과의 만남에서 가장 많이 듣는 질문이다.
입 아파하는 승무원들을 위해 대신 말해주자면 쉬는 곳은 '벙커'라
고 불리우는 곳인데, 승무원들이 교대로 휴식을 취할 수 있는 간이
침대들이 놓여 있고 무지 건조해서 숨을 쉴 때마다 콧속으로 휴지가
들어왔다 나갔다 하는 느낌이다.

승무원의 식사는 기내식을 포함하여 모든 식기와 음식, 음료가 저

장되어 있는 공간인 갤리(기내 복도 중간마다 승무원들이 커튼 열고 들어가는 곳) 선반에서 서서 먹는다.

승무원들이 앉을 곳은 'JUMP SEAT'(비행기 문마다 바로 옆에 있는. 비상구 열 좌석과 마주하며 쌩뚱맞게 놓여있는 그 의자)뿐이다. 앉아있을 때마다 마주하고 있는 아저씨나 아주머니들께서 궁금함을 참지 못하고 얼마나 체류하는지 호텔은 어딘지, 힘들지는 않은지 항상 묻곤 한다.(항상 이 착륙 시에 점프싯에 앉아 있는 승무원들이 괜히 창밖을 바라보거나 시도 때도 없이 복도 쪽을 바라보며 승객들의 안전을 지나치게 철저하게 점검하는 것은 승객과 말없이 마주보고 있을 민망함을 피하기 위함도 '조금은' 있다.)

하지만 이러한 고충을 알 리 없는 주변 친구들은 그저 승무원이 된 나를 부러워만 했다. 세진 역시 마찬가지였다.('나의 이야기'에 이어 다뤄질 중요인물이니 기억해야 한다.) 명문 항공전문대학에 입학하여 3개 국어 스펙은 짱짱했고 외모 역시 현직 승무원에게도 절대 꿀리지 않을 만큼 예뻤건만 그녀는 어쩐지 매번 한국항공의 채용에서 미끄러지곤 했다. 사실 그간 세진을 통해서 알짜배기 면접 팁을 얻었던 나였기에, 되려 내가 그녀에게 조언을 해주는 것은 그녀 역시 원치 않을 것 같아 모르는 척 해왔다. 하지만 1년째 번번이 면접에서 낙방하는 그녀를 위로하는 것밖에는 해줄 수 있는 것이 없었다. 오히려 길에서 만나 먼저 인사를 건넬 때 '누구였더라?' 기억해 내야 할 만큼 평범하기 그지없던 다른 몇 명의 친구들이 한국항공의 나의 후배로 입사한다는 소식을 들었을 때, 황당하기 그지없었다. 잘나고 멋진 내 친구의 자리를 그들이 차지했기 때문에 황당했던 것이 아니라, 지극히 평범한 사람들이 나와 '동급'이 된다는 사실이 싫었던 것이다.

사실 승무원이라는 직업은 번쩍번쩍 화려해 보이나 결국은 앞서 언급한 어마어마한 양의 육체노동이 동반되기에 결코 예쁜 외모와 스펙만 필요한 것은 아니다.

사실 면접관들은 항공사를 대표할 만한 예쁜 외모의 지원자들보다는, 소처럼 일할 성실한 성격의 지원자들을 오히려 선호한다. 김태희처럼 예쁜 승무원들은 승객들 입장에서는 보기만 해도 최고의 서비스를 받는 기분이겠지만 그 고운 손으로 식사를 준비하고 수거하고 화장실 청소까지 나서서 맡기에는 너무 예쁘기 때문에 2~3년 안에 능력있는 남자가 채갈 수밖에 없는 생리다. **그렇기에 회사에서는 김태희처럼 예쁘지는 않아도 오래도록 힘든 일도 나서서 할 만큼의 타고난 성실성을 자랑하는 지원자들, 혹은 예쁘거나 아주 성실한 스펙은 아니지만 한국항공에 뽑아준 것을 감사할 만큼의 지극히 평범하고 선한 외모의 지원자들을 필요로 하고, 또 뽑는 것이다.**

남들은 취업에 대한 걱정을 막 시작하던 4학년 1학기 시기에 국내 최고의 항공사에 합격을 이루어 내며 동네 친구들 사이에서는 선망의 대상으로 떠올랐던 '한국항공 승무원'이라는 타이틀은 어쩌면 '세진'처럼 예쁘고 똑똑한 친구마저 번번이 떨어졌기 때문에 나를 더욱 돋보여주어 더 대단한 사람으로 만들어 준다고 생각했다. 내 친한 친구가 실패를 경험하면 할수록 나의 성공이 더 부각되었기 때문에 내 스스로의 위치에 못난 만족감을 느꼈던 것이다.

승무원, 생각보다 쉽지 않다 4
: 실수는 해도 괜찮다. 그러나 변명은 하지 말라

어느 곳을 가든 처음 직면하는 일에는 항상 실수가 따라오기 마련이다. 제아무리 실수의 치명성을 알고 긴장하며 신경을 바싹 곤두세우고 있다 하더라도 피할 수 없는 것이 바로 실수라는 것이다. 이미 앞에서도 말했지만 나는 덤벙거림과 어벙함의 아이콘으로서 대학시절 나의 별명들은 대부분 '백치미'에 관한 것들이었다.(나는 아직까지도 바보의 대명사 '백치 강다다'로 불리우고 있다.)

일반석 기준으로 대략 200명에서 300여 명의 승객들에게 식사를 서비스한다는 것은 정말 수많은 과정과 절차가 요구된다. 그 과정과 절차를 설명하자면 약 300인분의 식사 앙트레(소고기를 선택하면 주는 식사 트레이에서 샐러드나 빵이나 반찬을 제외하고. 은박지에 싸여 중앙에 놓여 있는 뜨끈한 메인요리)는 비행기가 뜨자마자 따로 오븐 안에서 뜨끈하게 해동시키고 나중에 승무원이 따로 300개의 트레이에 일일이 세팅한다.(그래서 화상을 자주 입는다.)

그리고 음식이 식기 전에 빠르게 음료와 컵, 고추장 등을 카트 위에 세팅하여 승객들에게 서비스를 나간다. 승객분들은 카트 위에 있는 음료만 필요로 하지는 않으신다. 가끔 카트 위에 없는 맥주나 콜라 등의 음료를 주문하실 때마다 막내 승무원들은 빠르게 갤리를 오가며 제공한다. 한두 명이 찾는 것이 아니기에 좌석번호를 기억해서 서비스해 드려야 하며, 나중에 비빔밥이나 소고기와 같은 인기메뉴가 다 떨어지면 일일이 승객분들께 머리 숙여 사과하고 다른 메뉴를 추천드려야 한다.

이후 식사를 다 나눠드리고 나면 각각 커피와 차 서비스, 혹은 와인서비스를 드리고(물론 이때도 특별한 커피나 차를 찾으시는 분이 있다면 즉각 갤리에서 가져와야 하는 번거로움은 늘 있다.) 식사를 마침과 동시에 다 드신 식사 트레이를 수거한다. 빠르게 수거하여 카트 안에 차곡차곡 쌓아넣어야 하지만 간혹 정리가 되지 않은 트레이를 마구 쑤셔 넣다 보면 공간이 여의치 않다. 선임 승무원들은 식사가 끝나자마자 기내면세품 서비스를 준비해야 하므로, 미처 다 드시지 못한 승객의 밀 트레이를 따로 거둬드리는 것은 막내 승무원들의 몫이다. 문제는 카트 안에 공간이 없기 때문에 갤리 선반 위에 너저분하게 트레이와 포크와 접시들이 늘어질 수밖에 없는 것이다. 그때마다 혼나는 것은 누구의 몫인가. 바로 '막내 승무원'이다.

신입은 어쩔 수 없이 일처리가 미숙하기 때문에 이 방대한 과정 안에서 엉뚱한 곳에 주문하지도 않은 커피를 드린다거나, 콜라를 주문하신 승객분을 하염없이 기다리게 만들곤 한다. 이렇게 실수를 위장한 사건 사고들에 대한 책임을 물을 때는 모두들 약속이나 한 듯 제일 먼저 막내 승무원을 호출하곤 한다.

"이거 누가 이런 거야."

숨 돌릴 틈 없이 바쁜 와중에 갤리 안으로 들어오자마자 바닥에 음료가 쏟아져 있었고, 미처 치울 새도 없이 들어온 선배의 가시 돋친 한마디에 처음부터 '제가 한 게 아니라' 변명한 것은 아니었다.

다만 한 시간 안에 10건 정도의 사건 사고의 주범으로 모두에게 지목되다 보면, 더 이상 '죄송하다'라는 말을 하는 것조차 더 죄송스럽고 민망한 상황이 되기 때문에 한 번쯤은 내가 아니라고 해야 할 것 같은 분위기였다.

"앗, 선배님 제가 그런 것이 아닙니다. 저도 방금 들어왔습니다."
"그래서, 내가 치우라고?"

예상된 반응이 아니었다. 서늘한 눈빛과 가시 돋친 한마디에 나는 당황했다. 범인이 내가 아니라는 사실을 이야기했을 뿐인데, 그녀의 답은 '그래서 내가 치우라고?'라니.

턱 끝까지 올라온 '내가 언제 너더러 치우라고 했니'라는 답을 겨우 삼켜내며 서둘러 쏟아진 음료를 닦고는 꼬여도 단단히 꼬인 서슬 퍼런 그녀를 피해야 했다. 똥은 더러워서 피하는 것이지 무서워서 피하는 것이 아니다.

여자들만 있는 집단이 무서운 이유는 소문이 빠르기 때문이다. 꼬리에 꼬리를 물고 눈덩이처럼 불어난 소문이 삽시간에 진실인 듯 퍼지곤 한다. 그리고 어느새 팀 내에서 나는 '잘못을 인정하지 않고 변명하는 괘씸한 막내'로 낙인이 찍혀 있었다.

덕분에 나는 비행때마다 더욱 긴장할 수밖에 없었고 과한 긴장은 더 큰 실수를 부른다는 걸 이때 깨달았다. 어딜 가든 누구에게나 먼저 인사하고 말을 거는 친화력 덕에 어디 가서 미움 받을 캐릭터는 아니라며 '성격 하나는 최고지' 자부했던 나의 성격을 처음으로 의심할 수밖에 없었다.

선배들을 마주칠 때마다 잘못한 것이 없는데도 평소처럼 미소가 나오지 않을뿐더러 경직되고 움츠러들었다. 그러다 보니 내 유일한 안식처는 아무도 마주칠 수 없는 기내 화장실뿐이었다. 청소하는 척 비닐장갑과 화장실 비품들을 들고 들어가 한참을 앉아있다 나오곤 했다. 그리고 나에게는 '잘못을 인정하지 않고 변명하는 괘씸한 막내'와 더불어 '입사한 지 얼마 되지도 않는 신입주제에 선배들이 일할 때, 화장실에서 휴식을 취하는 건방진 후배'라는 꼬리표가 합세

했다. 눈덩이처럼 불어나다, 엎친 데 덮친 격이다 같은 속담들은 이런 상황을 두고 말하는 거였다. 그때부터 나에게 보내는 '하루'가 아니라, 버티는 '하루'들이 계속되었다. 정말이지 수치스러웠다. '사고뭉치' '문제 덩어리'와 같은 단어들은 학교 다닐 적 정말 대책 없는 아이들에게 붙여지는 수식어라고만 생각했는데, 내가 이 지경까지 내려오게 되다니 정말이지 너무 억울했다. '나'는 분명히 그런 사람이 아니다. 멀쩡한 나 같은 사람을 이상하게 만들어버린 당신들이 나쁜 사람이었다.

승무원, 생각보다 쉽지 않다 5
: 막내의 역할

곪은 상처가 살갗 안에서 노란 고름을 머금을 때까지, 나는 '당신들이 나쁜 사람이야'라는 피해의식으로 똘똘 뭉쳐 가시 돋친 선인장과 같았다.

한 승객이 고가의 바이올린을 한 선배 승무원에게 맡겼다. 사실 승객들의 이러한 부탁을 그네들은 대수롭지 않게 생각할 수 있지만 내 손에 들어오는 순간, 모든 책임은 나를 거치기 때문에 잘못되면 골치 아플 수 있는 일거리가 생긴 셈이다. 보관을 한다는 것은 그 물건의 안전성을 보장해야 한다는 것이다. 문제는 그 바이올린을 보관한 좌석 뒤의 '코트룸'(옷 보관함)에 있던 바이올린 가방 위로 누군가 무거운 기물들을 잔뜩 올려놓은 것에서부터 시작되었다.

범인은 역시나 나타나지 않았고 이번에도 당연히 나는 아니었다.(당시 '코트룸'에 뭘 넣는지도 몰랐던 때였다.) 그러나 어김없이 선배는 '막내 어딨어?' 이를 바득바득 갈며 나부터 호출했다.

그 시간, 잘 보이려 열심히 땀까지 흘려가며 화장실 청소 중이었던 나는 선배들에게 동그랗게 둘러싸여 대역죄인을 자처해야만 했다.

"선배님 저는 정말 아니에요. 억울합니다."

너무 억울했던 나머지 애처럼 눈물이 나왔다. 진심어린 눈물을 보이면 혼내던 부모님도 한층 누그러지곤 했다. 실컷 화내던 남자친구도 더 이상 화를 내지는 못했었다. 그러나 분위기는 더 차가워졌다. 마치 처음 '제가 아니에요.' 변명할 때 선배의 눈빛이 갑자기 싸늘하게 바뀌었던 것처럼.

"그래. 은희 씨는 지금 정말 억울할 거야."

갑자기 약속이나 한 듯 선배들이 빠져나가고 차가운 갤리에는 01 사번(당시 2010년도였다.) 선배언니와 나만 남았다. 드디어 나의 결백함과 그동안의 고충을 알고 위로해 주려는 건가. 생각하기에는 혹시라도 누가 볼 새라 커튼을 확 쳐버리는 선배의 모습이 서늘했다.

"은희 씨는 지금 입사한 지 얼마나 됐지?"
"네. 지금 비행 시작한 지 3개월 정도 됐습니다."
"음, 그래. 그럼 은희 씨는 지금 팀 내에서 본인 역할이랑 업무를 다 해내고 있다고 생각해?"

그녀의 톡 쏘듯 날카로운 질문에 딱히 할 말이 없었다. 하긴, 처음부터 실수투성이 막내이긴 했다. 하지만 나는 이 업무가 난생 처음이었고, 신문을 차리든, 음료를 나르든, 손이 느려 익숙하지 못한 점은 다들 처음이겠거니 이해하고 배려해 주었고 나 또한 그 배려를 당연하게 생각했다.

"이 비행기에서 본인이 맡은 승객이 몇 명이지?"
"네. 일반석 기준 승객 50분입니다."

"본인이 그 모든 승객에게 완벽한 서비스를 제공하고 있다고 생각하나?"
"……."

할 말이 없었다. 왜냐하면 나는 당연히 그들을 만족시킬 수 없는 초짜이자 구멍이었으니까. 내가 놓친 담당 승객들의 수십 가지 사이드 오더를 책임지는 것은 선배님과 사무장님이었다. 하지만 그건 당연한 거였다. 그들은 나의 선임이었고 나는 신입이었으니까.

그러다 문득 '이게 당연한 건가.' 하는 의문이 들자 뒤통수를 강하게 맞은 듯했다.

그녀들 또한 50명씩의 승객을 각각 책임지고 있었고 심지어는 300인분의 식사를 책임지는 갤리장의 역할, 기내 면세품 판매를 책임지는 세일즈의 역할. 기내 서비스의 주요 역할들을 각자 분할하여 담당하고 있었다. 처음에는 조직 내에서 분담과 서로 부족한 부분을 백업해주고 도와주는 것은 당연하다고 생각했다.

그럼 나는 그들에게 어떤 도움을 주고 있었을까? 사실 내가 맡은 업무는 승객 50명과 누구라도 할 수 있는 화장실 청소와 신문 세팅 정도였다. 따지고 보니 나는 그들에게 도움만 받고 있었을 뿐 아무것도 도울 수 있는 것이 없었다. 한마디로 팀원 전체에 피해를 주고 있었던 것이다.

"자, 그럼 은희 씨는 팀 내에서 막내의 역할이 뭐라고 생각해?"

아무 말 못하고 죄인처럼 서있던 나에게 그녀가 이번에는 '막내의 역할'에 대해 다시 한 번 물었다. 기본적으로 팀 내에서 '막내'는 선배들에게 짐과 같은 존재이다. 하루에도 몇 번씩 사고와 실수를 반복하고, 그때마다 그걸 책임지고 수습하는 뒤처리 담당은 그네들이기 때문이다.

　"은희 씨가 모르는 게 많은 것 같아서 처음이자 마지막으로 말할 게. 막내한테 많은 거 바라지 않아. 다만, 죄송합니다 감사합니다 정도만 바랄 뿐이야. 그게 그렇게 큰 부탁인가?"
　"죄송합니다. 몰랐습니다."
　"여기는 돈 주고 다니는 학교가 아니라 돈 받고 다니는 회사라는 것만 알아둬. 우린 은희 씨의 선생님이 아니라 동료야."

　그렇다. 나는 수업료를 내고 배우는 학생이 아니라, 월급을 받고 일을 하는 직장인인 것이다. 내 위의 선배들은 선생님이 아니다. 단지 나보다 먼저 입사해, 일하는 데 도움을 줄 수 있는 동료일 뿐이었다. 그리고 나는 누가 잘못한 건지 잘잘못을 가리기 전에 존재 자체로 동료들에게 부담을 주고 피해를 끼치는 '막내'였다. 어느 집단을 가더라도 '죄송합니다'와 '감사합니다'라는 말뿐인 고개 숙인 막내의 존재는 하찮을 것이고, 나이 지긋한 팀장님 또한 '막내'시절을 겪었을 것이다. 한마디로 나에게만 주어지는 시련이 아니었다. 나는 그 와중에도 '죄송합니다' '감사합니다'는 커녕 억울함을 호소했던 것이다.

서른, 우리는 실패를 즐기기로 작정했다

막내가 실수하고 잘못하는 것은 당연했지만 '그건 내가 한 일이 아니야'라는 변명이 통할 리가 없었던 것이다. 어차피 물을 엎지른 것이 비록 내가 아닐지라도 그건 중요한 게 아니었다. 이미 나도 모르게 수많은 사건 사고들을 몰고 다녔고, 뒷수습을 해주던 동료들에게는 이유를 불문하고 '죄송합니다'와 '감사합니다' 정도의 소박한 사과는 당연한 거였다. 한 가지 잘못을 부정하려다 열 가지 잘못마저 부정하는 괘씸한 막내였던 것이다. 나는.

이 사건 이후로, 나는 '변명'이라는 것은 절대 하지 않는 것이 신념이 되었다.(지금까지도 변명을 하지 않는다. 덕분에 어느 단체에서도, 심지어는 처음 보는 시댁 어른들께도 싹싹한 며느리로 통할 수 있었다.) 누군가 책임을 물을 때, 내가 저지르지 않은 잘못일지라도 죄송하다 말하고 사과하는 것이 변명을 하는 것보다 훨씬 더 수월하게 상황을 모면할 수 있다는 것을 알게 되었기 때문이다. **어차피 혼자서 모든 업무를 책임지는 것이 아니라면, 팀을 이루는 조직사회에서 어떤 일에 대한 잘잘못은 중요하지 않다.**

이곳은 학교가 아니라 사회인 것이다. 그리고 나는 더 이상 학생이 아닌 사회인이다.

●

성공적 4막:
결혼과 이직

취집(취업+시집)을 꿈꾸다 1
: 세상은 넓고 남자는 많다

비행이 늘 힘든 것만은 아니었다. 이 책을 빌어 투덜거리고 불평만 했다고 해서 절대 '승무원'이라는 직업 자체가 최악이라고 말한 것은 아니다. 오히려 여성이 누릴 수 있는 최고 혜택의 직업이라고 말하고 싶다. 다만 나의 적성에 맞지 않았기에 투덜거렸을 뿐이다.

사실 승무원의 혜택에 대해 말하자면 끝도 없다. 보통은 다들 일하면서 해외여행을 다닐 수 있다는 것, 그리고 여성으로서 받을 수 있는 최고 수준의 연봉, 주위의 시선을 부르는 화려한 유니폼과 자연스레 세련되어지는 외모 자신감 덕분에 멋지고 능력 있는 남자를 만나 시집을 잘 갈 수 있다는 메리트를 꼽곤 한다.

처음에는 승무원이 되면 시집을 잘 갈 수 있다는 이야기를 들으며 단지 예뻐서 좋은 남자를 만나 결혼을 한다는 주장이 조금은 허술하게 느껴졌다. 아름다운 외모와 높은 연봉, 안정된 직장이 평생을 함께 할 인연을 만나는 데에 전부가 아닐 것이기 때문이다.

하지만 입사 후 1~2년이 지나고 '쭈구리'였던 막내 생활을 벗어나면서, 그토록 두렵던 비행이 익숙해졌고 여유가 생기면서 회사일 이외의 것들에도 신경 쓸 여력이 생겼다. 회사에 출근해서도 비행에 관한 이야기뿐 아니라, 선배 언니들과의 사적인 대화(연애이야기, 쇼핑이야기)로 수다를 떨며 친해지고, 결국 취업 이후의 남은 목표가 '성공적인 결혼'이라는 공통된 관심사를 공유하며 나는 왜 승무원이 혹자들의 기준으로 결혼을 잘 할 수 있는지(경제력 있는 남자와의 결혼) 피부로 느끼고 알 수 있었다.

우선, 첫 번째로 남자들을 만날 기회가 많다.

대부분은 기내에서 아리따운 승무원을 보고 한눈에 반한 남성승객이 명함을 주는 영화 같은 한 장면을 떠올리곤 하지만 생각보다 체계적인 시스템을 갖고 있어야만 만남부터 결혼까지 이어질 수 있다.

한 팀의 인원은 대략 15명 정도, 그 중 평균적으로 반 정도는 이미 결혼을 한 유부녀들이고 반 정도는 나이 어린, 혹은 꽉 찬 싱글이다. 적당히 예쁘고 능력도 있으면서도 화려한 싱글들이 대략 5~6명 정도 뭉쳐서 적극적으로 남자 만나기를 원한다면 주변의 남자들은 차고 넘칠 수밖에 없다. 서로의 인맥, 그리고 그 인맥의 인맥을 동원하여 만드는 소개팅이나 미팅 같은 모임들은 맘만 먹는다면 주 1~2회 정도는 생활인 것이다. '승무원'이라는 화려한 직업 특성상 한번쯤은 만나보고 연애하기를 원하는 남성들 덕분에 나 또한 3년 동안 소개팅과 미팅은 수도 없이 했던 것 같다. 물론 앞서 언급한 누구보다 착한 나의 남자친구를 두고서 말이다.

두 번째는 서비스직 특성상, 눈치가 빠르고 리액션이 좋다는 것이다. 물론 승무원들은 타고나게 늘씬한데다 늘 웃는 호감형 인상이며, 잘 꾸미는 덕에 세련되었고 덕분에 화려하다. 하지만 예쁜 겉모습만으로 상대방을 매혹시키는 것은 한계가 있다. 예쁜 여자는 세상에 차고 넘치기 때문이다. 그러나 기내에서 비빔밥이 떨어지고 쌈밥이 떨어져서 역정을 내는 승객분들께는 정말 세상 가장 죄송한 표정을, 남자친구와 싸워 저기압인 선배님 옆에서 눈치껏 맥주 한 캔과 땅콩을 건네는 센스를 자연스레 학습하면서, 언제부터인가 우리는 마음에 드는 남성에게 눈치껏 맞춤형 소개팅 서비스를 할 수 있는 능력자가 되어 있었다. 여성들에게 자신의 능력을 과시하고 싶어 하는 남성들에게는 적당히 직업에 대한 화제를 이끌어내면서 칭찬을 해주었고, 반대로 일 얘기나 사적인 이야기보다는 즐겁게 시간을 보내고 싶어 하는 이들과는 일 얘기와 같은 진지한 대화를 피했다. 남녀

서른, 우리는 실패를 즐기기로 작정했다

를 막론하고 누구나 자신을 기분 좋게, 편하게 해줄 사람과의 만남을 원한다.

취집(취업+시집)을 꿈꾸다 2
: 그러나 세상에 공짜는 없다

"지금 ○○호텔 옆에 가라오케로 오라구요?"

"응, 그 오빠들이 술 사준대. ○○대 전문의들이야. 예쁘게 하고 나와."

조금 일찍 자려 침대에 누운 밤 10시에 울린 선배 언니의 반가운 전화. 결코 나가기 이른 시간은 아니었지만 지금 아니면 언제 그런 남성들과 좋은 곳에서 값비싼 술을 마셔 볼 수나 있을까 생각하며 옷을 고르고 화장을 했다. 물론 남자친구는 내가 잠든 줄로만 알 것이다.

엄마에게는 팀 회식이 있다며 잔뜩 티 나는 거짓말로 둘러댔고, 아빠와는 새벽 3시 귀가를 약속하며 이 거짓말을 감수할 만큼 좋은 사람이 있으면 좋겠다는 기대감과 함께 택시를 탄다.

정신없이 술을 마시고 음악을 느끼며 몸을 흔드는 이들이 북적이는 클럽을 가로질러 미리 일러준 방으로 들어가자 팀 언니들 두 명과 번지르르한 외모의 남성 네 명 그리고 20대 초반으로 보이는 앳된 외모의 여자아이 두 명이 함께 즐거워 보였다. 물론 나 또한 이런 자리가 처음은 아니었다. 연예인들도 우연치 않게 만나보았고 잘나가는 대기업 직원들, 회계사들, 변호사들도 만나보았다. 그러나 소위 말하는 열쇠가 필요한 '사'자 들어가는 최고의 직업, 의사들과의 자리는 처음이었다.

"어서 와. 반가워. 우와, 이거 엄청난 미인이신데?"

옆자리에 앉은 파트너의 인사는 처음부터 반말이었으나 누가 봐도 인사치레라 지레짐작할 법한 한마디 '엄청난 미인' 이라는 단어에 썩 기분이 나쁘지 않고 우쭐했다. 테이블에는 값비싼 안주와 양주들로 가득했고 다들 즐거워 보였다. 그리고 직전에 만났던 몇몇 남성들과는 달리(그들 역시 좋은 직장에 다니는 남성들이었다.) 그들은 굳이 그들의 직업에 대해 숨기려고 하지 않았다. 피부과 전문의들이었는데 한 사람은 아직 대학병원에서 레지던트 마무리 단계였고 세 명은 개원을 했거나 준비하는 중이었다. 내가 꿈도 꾸지 못한 엄청난 능력자들이었다.

파트너와 술잔을 주고받으며 서로에 대해 알아가며 대화를 하던 중 그는 나에게 명함을 건네며 말했다.

"오빠 이번에 개원했는데 놀러오면 피부 관리 무료로 해줄게."
"아 진짜요? 그럼 저야 감사하죠."

이게 웬 떡인가. 명함을 받는 순간, 갑자기 그의 손이 나의 어깨 위로 올라온다. 주위를 둘러보았다. 분명 다같이 기분 좋게 술 한잔 하자고 마련한 자리라 했지만, 우연이라기엔 너무 둘씩 파트너로 짝을 지어 술잔을 주고받으면서 자연스럽게 어깨나 허리춤에 손이 가있는 분위기였다.

당황한 나머지 내 어깨에서 허리춤으로 내려오는 그의 손을 어색하게 뿌리치자마자 오히려 황당해하는 그의 표정은 딱 '이러려고 온 거 아니었나?'를 담고 있었다.

꼭 남자친구가 있기 때문에 그런 것만은 아니었다. 만난 지 3년이나 되었고, 사실 착하기만 한 그에게서 남성적인 매력을 느끼지는 못했기 때문에 새로운 만남에 대한 욕심에 큰 죄책감은 없었다. 다만 내가 생각했던 정상적인 남녀 관계의 발달 단계가 아니었기에 당황한 거였다. 보통 남녀가 만나서 사귀기까지의 과정은 먼저 만나서 대화를 나누며 서로가 마음에 들 경우 서로 연락처를 주고받고 다음 만남에서는 본격적으로 서로를 알아가는 과정에 스킨십이 들어가는 것이 맞다. 구시대적인 내 상식으로는 말이다. 그런데 첫 만남에서부터 이렇게 어깨와 허리에 손이 올라가는 과정에 당황하는 나를 보며 오히려 더욱 황당해하는 그의 표정과 분위기에 나는 어색해질

나의 이야기: 이른 성공, 뒤늦은 고난

수밖에 없었고 결국 맥주 몇 잔을 기울이다 적당한 때에 자리를 피할 수밖에 없었다.

택시를 타고 집으로 돌아오는 길, 태연하게 손을 올리던 그의 표정과 명함과 피부과 개원, 의사, 공짜 피부과 진료가 연달아 머릿속을 스치며 느낀 건 순수한 사랑이 아닌, **서로 다른 목적이 개입되어 있는 만남에는 목적에 따른 대가를 치러야 한다는 거였다.** 그가 '나'라는 사람보다는 나의 어깨와 허리춤과 하룻밤에 호감을 느꼈듯, 나역시 그가 '그'이기에 호감을 보였던 것이 아니라 그의 직업과 명함에 호감을 느꼈다.

예쁜 여성들이 자신의 외모 덕에 많은 남성들이 매력을 느낀다는 것을 알듯, 의사나 변호사 같이, 소위 말하는 '사'자가 들어가는 직업을 가진 남성들은 여성들이 자신들의 직업에 호감을 느끼고 매력을 느낀다는 것을 알고 있기에 직업에 대한 우월감이 넘쳤다.(물론 아닌 경우도 있다.) 또한 돈이 많은 집안의 자제들 역시 자신의 집안과 재력에 대한 매력에 대해 잘 알고 있었고, 삼성이나 외국계 기업을 비롯한 대기업을 다니는 남자들은 안정적인 직장에 대한 자신감이 넘쳤다. **한마디로 여성이나 남성이나 매한가지로 모두들 이성에게 어필할 수 있는 매력과 자신감의 원천은 직업과 외형으로 평가된다는 것을 암묵적으로 알고 있었으나 겉으로 티를 내지 않을 뿐이었다.**

그러나 뭐니 뭐니 해도 숱한 소개팅과 미팅으로 많은 남성들을

만나면서 얻은 가장 값진 깨달음은 남녀관계 또한 공짜가 없다는 거였다. 예쁘고 어린 여자들은 남자에게 대접받기를 원한다. 물론 남자들은 어리고 예쁜 여자들에게는 그에 상응하는 대접을 해주곤 한다. 자신의 좋은 능력으로 외제 차에 태워주고 깜짝 이벤트와 고가의 명품 선물을 해주고 해외여행도 간다. 그런데 딱 예쁘고 어린 만큼만 해준다. 그런 그녀들이 나이를 먹고 세월의 그늘이 드리워져 얼굴에 빛이 바래는 순간, 그 대우는 없어진다. 새싹처럼 자라나는 예쁘고 어린 여자들이 차고 넘치기 때문이다. 그 관계를 지속하기 위해서는 물질적인 것, 그리고 외형적인 것 이상이 필요하다. 난 예쁘니까, 넌 능력이 있으니까와 같은 GIVE AND TAKE를 넘어선 관계만이 비로소 '결혼'까지 이어지는 것이다. 그리고 그런 것들을 넘어설 수 있는 것은 어떤 조건이 개입되지 않은, 기본적으로 이성적으로나 인간적으로 느끼는 '호감'과 '진심'이라는 감정. 유치하지만 모두가 노래하고 찬양하는 '사랑'이라는 기본적인 감정이다.

나 또한 경제적으로 풍족하고 능력 있는 남자를 만나 힘든 직업을 때려치우고 집에서 살림하면서 때때로 문화센터에서 그림도 그리고 가끔 쇼핑도 하는 여유로운 생활을 꿈꾸었다. 사실 승무원이라는 직업을 택했던 이유 역시 4~5년 정도 비행하다가 결혼하는 남자와 아이를 낳고 여유로운 생활을 즐기는 밑그림이 존재했다. 그리고 이왕이면 의사나 변호사와 같이 더 능력이 있거나 재력이 있는 남성과의 결혼은 마다할 이유가 없었다.

나의 이야기: 이른 성공, 뒤늦은 고난

그러나 내가 실제로 만나본 의사나 변호사들은 현재에 만족하기 위해 남들보다 더한 인고의 시간이 있었다. 고3 수험생을 벗어나고 대학에 입학하자마자 자유를 선언했던 우리와는 달리 그들의 캠퍼스 라이프는 그토록 고달팠던 고3 생활의 연장이었다. 학교에서 1~2등을 앞다투었던 인재들끼리의 경쟁이었기 때문이다. 학교를 졸업하고 인턴생활과 레지던트생활을 거쳐 꼬박 10년 동안 밤잠도 못 자고 남들과 같이 놀지도 못하며 공부한 끝에 얻는 '의사 면허증'은 절대적이고 눈물겨운 노력의 산물이었다. 고시공부나 사시, 행시 공부 역시 마찬가지다. 그들에게는 그 노력에 해당하는 대가가 주어져야만 했다. 우선 목표했던 직업을 제대로 갖춘 직후, 나는 골방에 처박혀 공부할 때 남들은 열심히 놀았던 10년이라는 시간을 한꺼번에 보상받아야 했기 때문에 그들이 이룩해 낸 능력에 상응하는 즐거움과 자유가 필요했다.

또한 '결혼'이 여성들에게 있어 신분상승의 일환이 될 수 있는 하나의 도구가 될 수 있듯, 그들의 '결혼' 또한 그들의 노력을 보상해주는 하나의 제도였다. 예쁘고 착한 것은 물론이거니와 이왕이면 그들의 능력을 뒷받침해 주거나 키워줄 수 있는 경제력을 갖춘 사람이라면 더할 나위 없었을 뿐더러 이러한 여성들은 차고 넘쳤다.

물론 돈 많은 집 자제들 역시 마찬가지였다. 즐거운 '연애'는 그들에게 있어 꿈과 같은 것이었지만 '결혼'이라는 제도는 독이 될 수 있었다. 그들의 강점은 재력이기에 상속 혹은 이혼이라도 하게 되었을

서른, 우리는 실패를 즐기기로 작정했다

때의 부의 재분배는 치명적인 것이었다. 이러한 위험성을 막기 위해 재력가들끼리의 결혼은 어찌 보면 합리적이었고 당연한 것이었다.

신분상승의 부푼 꿈을 안고 이들과 만나 이야기를 하고 데이트를 하고, 또 만남을 지속하면서 나는 이들과의 소통이 힘들다는 것을 깨달았다. 사람과 사람의 만남이 아니라 단지 서로 다른 목적을 가진 만남이었기 때문이다.

물론 모든 승무원들의 관심사가 결혼만은 아니다.

승무원들의 성향은 크게는 두 가지로 나뉜다. 회사 입사 후, 본인의 적성이 서비스에 잘 맞거나, 혹은 높은 연봉과 '사무장님' 소리를 들을 수 있는 진급을 함으로써 성취감을 느끼는 사람들은 결혼보다는 본인의 커리어에 집중한다. 회사 입장에서는 모범적인 인재들로 잘 뽑았다는 생각이 들 법한 성향일 것이다.

그리고 나머지 대부분은 승무원의 화려한 면을 보고 입사를 했으나, '서비스'라는 직무 자체가 적성에 잘 맞지 않거나, 체력적으로 너무 힘들고 회사 생활이 힘들기에 안정된 결혼으로 편안한 삶을 즐기려는 '취집'이 목적이 되는 나 같은 사람들이다.

물론 어느 한쪽이 더 좋고 나쁘고를 따질 수 없다. 다만 삶의 가치관과 행복과 만족감을 얻는 요소가 서로 다를 뿐이다.

어쨌든, 나는 '취집'을 목표로 하는 후자 부류에 속하여 많은 남자들을 만나면서 세상에는 공짜가 없고 '목적 있는 결혼' 역시 공짜는 없다는 것을 알게 되었다. 꿈꾸던 것과는 다른 현실에 마주하게 되었던 것이다.

대접받는 삶을 위하여 1
: 이직을 꿈꾸다

여러 만남과 일련의 경험들을 통해 나는 꽤 매력적이고 사귀고 싶을 만큼 괜찮은 여성이라는 것은 알았지만 결혼할 상대가 되기에는 너무 평범한 보통 여자라는 것을 깨달았다. '승무원'이라는 직업은 결정적인 결혼의 도구가 되기에는 평범했다. 연봉은 높고 복지는 좋지만 수일을 집을 비워야 했기에 결혼해서도 안정적으로 아이를 키우면서 계속 일하기에 좋은 직업은 아니었다.

사실 내가 남자 입장이라도 결혼하자마자 일을 그만두고 쇼핑과 문화생활로 내가 뼈빠지게 일해서 벌어온 돈만 축내며 살겠다는 속셈이 보이는 여자와는 결혼하고 싶은 생각이 있을 리 만무하다.

"다 그만두고 오빠한테 시집 와, 몸만 와도 돼."

여성들이 가장 듣고 싶어 하는 이 한마디는 남자들이 여자들을 꼬시기 위한 한마디로 책임질 수 없는 달콤한 거짓말이었다. 그 한마디에 설레며 꿈꾸었던 '취집'(취업+시집)은 양심 없는 꿈이었다.

내가 꿈꾸었던 안정적인 결혼과 대접받는 삶을 위해서는 남성들이 볼 때 결혼하고픈 그럴듯한 여성이 되어야 했다. 지금에 안주해서는 아무것도 바꿀 수 없을 것만 같았다. 한마디로 방향 선회가 필요했다.

나는 다시 생각해보았다. 내 위치는 어디쯤일까. 우리 집, 부모님은 매우 평범했기에 결혼 지참금은 내가 직접 마련해야겠고, 이제와서 운명적인 순수한 사랑에 대해 꿈꾸기에는 나는 이미 대학시절부터 '차' 있는 오빠를 좋아했던 만큼 그때나 지금이나 변함없는 '속물'이었다. 한마디로 변한 건 없었다. 그리고 나는 마음먹으면 되든 안 되든 실행에 옮겨야만 하는 인물이었다. 느긋하게 여유를 가지고 인생을 즐기는 위인은 못 되었다.

자. 그럼 나는 이제부터 뭘 새로 시작하고 실행해야 하는 걸까. 샌프란시스코행 비행기에서 마주했던 11A 그녀와 같은 멋진 삶을 살기 위해서는 지금으로부터 어떤 변화가 있어야만 했다. 결혼이라는 수단이 아니라 스스로 변화를 만들어야 한다면 답은 '이직'뿐이다. 나는 아직 어렸고 현 승무원이라는 경력을 통한 이직은 충분히 가능할 것 같았다. 이왕이면 대접해주는 직업이 아닌, 대접받는 직업으

로의 이동이 필요했다.

그렇다면 대접받는 직업은 뭐가 있을까. 4학년이 되던 무렵, 입사와 함께 엉망을 찍었던 학점과 평범한 토익 따위로 이제 와서 다른 기업에 들어가는 건 불가능해 보였다. 그렇다고 내 평범한 머리로 의사나 변호사 공부를 할 수 있을 리 만무하다.

그럼 대접받는 직업 중에서도 내가 할 수 있는 직업은 뭐가 있을까. 직업을 선택할 때, 제일 먼저 고려되어야 하는 적성에 대한 고민을 남들은 이미 자리잡은 20대 중반을 훌쩍 넘긴 지금에 와서 하고 있었다. 지금의 내가 '사랑'이 아닌 '안정된 삶'을 목적으로 두고 결혼할 남성을 찾았던 것처럼 나는 대학시절 '적성'이 아닌 '높은 연봉과 여행, 복지'에만 목적을 두고 직업을 찾았던 것이다.

잘할 수 있고 또 하고 싶고 좋아하는 것이 바로 '적성'이다. 나는 활발한 성격에 사람 상대하는 것을 좋아했기에 서비스직이 잘 맞는다고 어렴풋이 생각을 했으나, 서비스라는 직무 자체는 사람들을 대접해야 하는 직업이었고 그걸로 만족하기에는 나는 인정받고 또 칭찬받는 걸 너무 좋아하는 캐릭터였기에 대접을 받는 편이 좋았다. 그리고 이제는 '대접을 받을 수 있다'라는 기준이 직업을 선택하는 가장 중요한 척도가 되었다.(그랬기에 11A의 그녀의 대접받을 만한 삶이 부러웠을 것이다.) 그렇다면 대접을 받으면서 사람을 만날 수 있는 직업은 뭐가 있을까. 이것 저것 다 따지고 봤을 때 나오는 결론은 바로 선생님이었다. 하지만 내가 가르칠 수 있는 과목은 아무것도 없었다. 그러나 3

서른, 우리는 실패를 즐기기로 작정했다

년간 한국항공에 몸담으면서 내가 할 줄 아는 것은 좋든 싫든 '서비스'뿐이었다.

거듭된 고민 끝에 내린 결론은 바로 '서비스'를 강의하고 가르치는 '서비스 강사' 혹은 'CS강사'였다. 높은 연봉은 아니었으나 어찌 되었건 누군가에게 대접하는 것이 아닌, 이름이나 직함 뒤에 '님'자가 붙는 대접을 받는 직업이었고(적어도 내 기준에서는 그랬다.) 프리랜서로도 강의가 가능하기 때문에 결혼 이후에도 명목상 사회적인 지위를 유지할 수 있는, 한마디로 있어 보이는 직업이었다.

공부는 대학원까지 더 하는 것이 좋을 것 같았다. 서울 소재의 대학을 졸업하긴 했지만, 석사까지 따게 된다면 학벌과 지성미가 더해지면서 나의 가치는 좀 더 높아질 것이다. 물론 이 모든 업그레이드는 역시 내 커리어로서가 아닌, 성공적인 결혼에 초점이 맞추어져 있었다.

나는 우선 직장인들을 위한 특수대학원에 원서를 냈고 CS강사 양성 프로그램을 찾아보았다. 많은 이들 앞에 서서 석사학위에 승무원 출신이라는 나의 지성미를 뽐내며 강의를 하는 상상으로 기분이 좋아졌다. 심지어 나는 말을 잘했고, 또 말하는 걸 좋아했기 때문에 적성에도 맞을뿐더러 정말 잘할 것만 같았다.

대접받는 삶을 위하여 2
: 넝쿨째 굴러들어온 '결혼'

나에게는 대학교 2학년부터 굉장히 친한 학교 선배 오빠
가 하나 있었다. 일명 '남사친'으로 (남자사람친구의 줄임말) 3년간 나에
게 충실했던 남자친구와 사귈 때에도. 그리고 그 이후에 다른 남자
친구들과 불꽃 튀는 연애를 할 때에도 우리는 항상 함께였다. 사실
거창하게 '함께'라고 할 것도 없이 그저 그동안 보고 싶었던 영화를
같이 보거나 심심할 때 만화방에서 컵라면을 먹는다든가, 배고플 때
짜장면을 함께 먹는 정도였다. 서로 우울할 때면 한강에서 팩소주
를 같이 먹고 치킨과 맥주를 함께 했다. 물론 냉정한 시각으로 분석
하며 서로 연애상담을 도맡았기에 서로의 연애사에 빠삭했다. 우리
는 서로를 남녀로서가 아닌 인간적으로 좋아했고, 우정이라는 이름
하에 지난 6년간 심심하고 무료한 시간들을 함께 할 수 있었다. 물론
간혹 남녀로서의 헷갈리는 감정이 연출될 때도 있었지만 그때마다
서로에게는 각각 연인이 있었고, 그들이 꿋꿋이 버텨주었기 때문에
우정의 지속이 가능했다. 그러던 어느 날 술에 거나하게 취한 그가
나에게 결혼하자고 말했다.

"우리 그냥 결혼하자 은희야."

정말 조금도 예상치 못한, 말도 안 되는 갑작스런 청혼이었다. 심지어 나는 당시 새로 사귄 능력 있는 남자친구도 있었고 '썸' 타는 오빠들도 한 가득이었다. 그간의 연애상담은 항상 그가 맡아주었기에 이런 내 상황을 그가 모를 리가 없었다. 대체 왜일까.

그는 그냥 더 이상 내가 망가지는 꼴이 보기 싫다고 했다. 일하기는 싫지만 편하게는 살고 싶어 남자의 능력과 재력을 보면서 결혼 상대를 고르며 뻔하게 나이를 먹어가는 다른 여자들처럼 속물이 되어가는 것이 싫다고 했다. 적어도 그가 스물한 살 때부터 봐왔던 나는 순수했고 자신이 아는 여자들 중 가장 착한 사람이라는 확신이 깨지는 것도 싫다고 했다.

물론 그 역시 결론이 '결혼'이라는 엉뚱한 방향으로 가는 바람에 몹시 혼란스러웠고 많은 고민을 했지만 이미 많은 여자들을 만나봤고 속이 빤히 보이는 그녀들과 결혼하고 싶은 생각은 없다고 했다. 비록 사랑은 아니더라도 같이 만나 탕수육 없이 짜장면을 먹고 한강 둔치에 철푸덕 신문지도 안 깔고 널부러져 치킨과 맥주를 먹을 사람이라면 평생을 재미있게 살 수 있을 것 같다고 했다. 그것이 본인이 생각하는 결혼의 기준이라 했다.

생각해보면 나의 결혼관 역시 어느 정도 그와 비슷한 부분이 있었다. 지금 당장 내가 원하는 결혼은 보고 싶고 서로 죽고 못 사는 그런 사랑 넘치는 관계보다는 서로 안정감을 찾고 돈 걱정 없이 가정을 꾸릴 수 있는 그런 결혼이면 충분했다. 그것이 내가 꿈꾸는 안정적인 결혼이었다.

따지고 보면 사실 그는 나에게 안정을 줄 수 있는 남자였다. 집안은 대대로 사업을 했기에 유복했고, 그의 부모님은 자주 해외로 골프를 치러 가곤 했다. 생각해 보면 만화방을 갔다가 심취한 나머지 버스가 끊긴 시간이면 그는 나를 집으로 데려다주곤 했는데, 그때마다 그의 차는 꽤 값비싼 외제 차였다. 나는 그를 남자로 본 것이 아니었고 그저 돈 많은 친구 정도로만 생각했었기에 그의 부유함은 나에게 매력적이지 않았다. 그를 만나는 장소는 고급 카페나 레스토랑이 아니었기에 나 역시 남자들을 만날 때와는 다르게 항상 츄리닝에 슬리퍼 차림이었고, 집에 쌓아놓은 명품가방을 들고 갈 리 없었다. 만약 내가 그를 남자로 보았다면 분명 '취집'을 꿈꾸는 내 속물근성이 그에게 드러났을 것이다.

다행인 건가. 그렇게 우리의 결혼은 빠르게 진행되었다. 망설일 것도 없었고, 주저할 것도 없었다. 그리고 나는 지긋지긋했던 대략 4년간의 비행생활을 접었다.

나는 결국 갑자기 굴러들어온 꽤 성공적이라고 평가할 수 있는 결혼을 할 수 있었다. 여기서 성공적이라 함은 대출 없이 서울에 자가주택을 갖고 있으며, 부인이 일을 하지 않아도 남편의 능력만으로도 충분히 먹고 살면서도 덤으로 문화생활까지 누릴 수 있는 공짜 같은 삶이다. 잦은 비행과 적성에 맞지 않는 일로 인해 그때까지만 해도

서른, 우리는 실패를 즐기기로 작정했다

육체적으로나 정신적으로나 금전적으로서의 안정이 곧 '행복'이자 '성공'이라 믿었었다.

나에게는 분명 안정적이고 행복한 미래가 펼쳐질 수밖에 없었다. 한국항공의 입사에 이어 내 화려한 인생의 2막이 시작되었으니 말이다.

●

스스로 막을 내리다:
화려한 인생
4막의 종지부

나는 분명히 값비싼 수입 명품 드레스를 입고 고급 호텔에서 결혼하면서 성공적인 결혼으로 인생의 2막을 시작했다. 서울 시내의 신형 고급아파트로 신혼집을 마련했고 가끔 남편의 외제차를 몰고 백화점도 갔다. 경제활동을 하지 않는 백수였기에 일주일에 두 번 대학원에 출석만 하면서 체면치레를 했고 부모님은 나를 대견해 했다. 한국항공 승무원 출신에다 성공적인 결혼까지 골인한 분명 여자라면 누구든 꿈꾸는 성공적인 삶이었다.

다른 이들에게는 너무도 어려운 취업과 결혼이라는 문턱이 나에게는 유독 너무도 쉬웠다. 많은 이들은 이런 나의 행운 같은 삶에 부러움을 감추지 못했다.

서른, 우리는 실패를 즐기기로 작정했다

문제는 우울하다는 거였다. 종일 집에만 있는 것도 문화센터에 가서 아주머니들과 수다를 떠는 것도, 대학원에서 수업 듣는 시늉을 하는 것도, 너무 무료했다. 그래서 나의 유일한 즐거움은 sns활동이었다. 겉보기에는 번지르르한 나의 삶을 추종하는 사람들은 내 일상을 계속해서 공유하길 원했다. 문화센터에서 만들어 온 음식을 내가 만든 척 찍어 올렸을 때, 독일의 명품 냄비를 사진 속에서 용케 발견해 내고 예쁘다, 대단하다 칭찬하는 댓글들과 '좋아요' 하트가 늘어날 때마다 뿌듯함을 느꼈다. 남편의 외제차를 타고서는 일부러 차의 브랜드 로고가 보이도록 삐딱하게 사진을 찍었고, 가끔 어머님께 남편의 옷을 산다는 핑계로 신용카드를 빌려 백화점 vip라운지에서 셀카를 찍어 올렸다.

매번 반복되는 일상만을 올리고 싶지는 않았다. sns의 세계에서는 새롭고 대단한 걸 보기 원하는 사람들이 매번 새로운 멋진 소식을 원했고 또 기다렸기 때문이다. 남편에게 해외여행을 가자고 몇날 며칠을 졸라 두어 번을 갔다 왔으나 그는 면세점을 기웃거리며 명품 가방을 탐내는 나에게 가방을 사주기는커녕 오히려 무슨 명품이냐며 타박을 주었고, 고급 호텔에서 값비싼 음식을 먹기도 전에 사진을 찍는 내 모습에 짜증을 냈다. 사진을 찍기 위해 온 거냐며 화를 냈다. 아니라고는 했지만, 생각해 보면 사진을 찍기 위해 온 게 아닐까, 사실 내 스스로도 의문은 들었다.

핑계를 대자면 내 삶에는 더 이상 즐거움이 없었다. 오직 sns활동만이 내 적적한 삶의 유일한 낙이었다. 정확히 말하자면 나를 인정해 주고 대단하다며 양 손 번쩍 치켜 올려주는 이들의 칭찬세례가 삶의 낙이었다. 내가 꿈꾸고 원하던 '인정'받고 '대접'받는 삶이었다.

그런데 이상하게도 성에 차지 않았다. 백화점에서, vip라운지에서, 고급 레스토랑에서 융숭한 대접을 받았지만 그건 '나'이기에 받는 대접이 아니라 그저 불특정 다수의 돈을 쓰러 온 손님에 대한 일관된 대접이었다.

그러니까 문제는 '나'. 그러니까 '강은희'여서 받는 대접이 아니었던 것이다. sns 역시 마찬가지였다. 나의 삶을 동경하는 추종자들은 내가 타고 다니는 '차'와 vip라운지, 명품에 열광했던 것이지 '강은희'라는 사람에게는 조금도 관심이 없었을 것이다.

11A 그녀 역시 지금 내가 누리는 정도의 삶을 살고 있던 걸까. 이렇게 겉보기에만 번지르르해 보였던 게 아닐까. 하지만 생각해 보면, 그녀는 어두운 기내에서조차 끊임없이 열정을 가진 무언가를 하고 있었다. 그게 그녀와 나와의 가장 큰 차이점이었다.

나에게는 끊임없이 무언가 하고 싶은 일이 없었다. 나는 매일 쳇바퀴처럼 굴러가는 삶에 지루했고 무료했다. 재미없는 수다를 떨어야 했던 문화센터는 그만두었으며, 학교는 논문을 써야 했기에 집안사정을 핑계로 잠시 휴학을 했다. 매일 집에서 시든 풀처럼 시들어가는 나에게 남편은 아이를 가지자고 했다.

서른, 우리는 실패를 즐기기로 작정했다

그런데 나는 아이를 가지고 싶지도 않았다. 풍선처럼 부푼 배와 덕지덕지 붙는 살들, 그렇게 몸 망가져 가며 낳은 아이를 키우고 있노라면 내 인생은 영원히 없어질 것만 같았다. 나는 아직 20대였고, 어렸고, 갈증이 있었다. 하지만 아이를 가지지 않겠다고 말하기에 나는 이 집에서 너무 아무것도 아니었다. 만약 아무것도 아닌 상태인 지금 아이를 가진다면, 나는 이 집안에 씨받이로 들어온 게 아닐까, 라는 생각이 들 것만 같았다. 내 이름 석 자가 영원히 사라질 것 같았다. 계속해서 아이를 거부하는 나에게 어느 날 남편은 못 마시는 술을 먹고 들어와서는 조용히 말했다.

"우리 생각할 시간을 조금 가져보자. 몇 달만 친정에 가있어."

감정적으로 뱉는 말이라고 하기엔 그의 표정은 너무 지쳐 있었다. 그는 나에 대해 자신이 보고 싶은 것만 보고 결혼을 선택한 것 같다 말했다. 혼란스럽다고 했다.

그의 말과 함께 내 삶 역시 대단히 혼란스러워졌다. 뭘 어떻게 해야 이 관계가 복구가 될 수 있을지, 그리고 뭘 어떻게 복구해야 할지. 막막했다. 그는 입이 무겁고 생각도 무거운 편이었다. 한순간의 감정으로 저런 엄청난 말을 내뱉을 리 없다. 그런 그에게 매달려봤자 나만 비참해질 뿐이었고 또 그의 성격상 더 안 좋은 상황으로 접어들지도 모르는 일이었다. 그저 혼자 생각할 시간을 가질 수 있도록 내버

려두는 편이 제일 나았다. 설마 거의 10년을 알고 지내온 나를 함부로 떨쳐버릴 수 없을 것이다. 몇 가지 실수를 했던 순간들을 빼놓고는 이렇게 삶 전체가 송두리째 혼란스러운 적이 없었다. 이런 시나리오는 생각해본 적이 없었고, 감히 상상해본 적도 없다.

문제는 이게 현실이었고 나는 지금 당장 나가라는 그의 말에 나가야 할 수밖에 없었다. 이 집에 내 것은 하나도 없었다. 당장 앞으로 당분간 어떻게 뭘 하고 살아야 하는지는 나중 문제였다. 친정 부모님께는 어떤 핑계를 대고 집에 들어가야 할지, 그냥 얼마간 모텔에서 지낼까. 그러기엔 내 수중에 돈이 없다. 인터넷뱅킹 통장 잔고를 확인하려 공인인증서 암호를 누르려던 찰나, 굵직한 진동이 울렸다. 발신인은 세진. 좋은 소식일 것 같다는 불길한 예감이 머릿속을 스친다.

그리고 급하게 확인한 그녀의 문자.

'은희야, 나 진급했다. 밥 쏠게.'

내 손은 몹시 떨렸다. 정말 아이러니하게도 불안하고 슬픈 예감은 틀린 적이 없다. 한없이 꺼져가는 나와 계속해서 올라가는 그녀와 나의 터치 다운 순간이었다.

서른, 우리는 실패를 즐기기로 작정했다

두 번째

세진의 이야기
7전 8기

●

7전 8기
벚꽃엔딩

오늘은 모처럼, 날 좋은 봄날의 금요일, 심지어 밖에는 일 년에 딱 2주만 보여주는 벚꽃이 흐드러지게 만개하다. 주말을 끼고 강풍을 동반한 장대비를 예고한 일기예보 덕에 올해 벚꽃을 제대로 즐길 수 있는 날은 그나마 있는 2주 중 오늘 하루뿐이다.

오후 5시 50분, 좁은 사무실엔 딸깍딸깍 클릭소리와, 서류 넘기는 소리, 타닥타닥 타자기를 두드리는 소리, 위잉, 쉴 새 없이 돌아가는 복사기의 건조한 소리들로 가득 찬다. 오전부터 대리님이 시키신 서류정리를 마무리하고 퇴근해야 하건만, 당최 아무것도 손에 잡히지 않는다.

잘생긴 변리사와 소개팅이 있다던 김 대리님과 8살 어린 대학생 여자친구와 여의도 윤중로에 꽃나들이 간다는 박 계장님은 오늘따라 유난히도 파스텔 톤 의상이다. 째깍째깍 시계 초침만 멍한 눈으로 바라보는 나를 이상하게 바라보며 하나둘 자리에서 퇴근할 채비를 한다.

시계는 결국 6시를 넘겼다. 커피를 한 사발 마신 듯 갑자기 정신이 또렷해지고 눈은 맑아진다. 하염없이 떨릴 줄 알았건만 오른손은 생각보다 침착했고 태연하게 모니터의 마우스 커서를 인터넷으로 갖다 대어 빠르게 두 번 클릭한다. 사실 뭐 이런 썩 좋지 않은 태연한 떨림은 한두 번이 아니었기 때문에 아무렇지 않다. 이 떨림이 역시나 하는 좌절로 이어질 때의 참담한 기분 역시 익숙하다.

쓸쓸하게 즐겨찾기 되어 있던 한국항공의 채용 홈페이지에 들어왔다. 그 다음은 로그인 페이지 ID:FLYHIGH0213 PW:TPWLS0213 스무 살 이후로 4년간 써왔던 아이디와 패스워드를 연거푸 입력 후 드디어 로그인. 떨어지기만 해봐라. 전부 폐기해 버리고 새로운 아이디로 갈아 탈 테다. 애꿎은 아이디에 화풀이를 다짐하며 '2010년도 신입 객실 승무원 채용' 메뉴를 클릭한다.

그 다음에 '2010년도 신입 객실 승무원 채용 결과 확인' 버튼. 클릭, 그리고 다시 한 번 아이디와 패스워드를 귀찮은 듯, 빈 칸에 타닥타닥 빠르게 채워 넣는다. 마지막으로 맨 밑의 네모난 직사각형의 연녹색 '확인' 버튼. 이 버튼을 누르고 난 후의 화면에 따라 나의 남은 인생에 꽃길이 드리워질지 말지가 결정된다는 생각을 하다가 잠깐,

이러다가는 딱 망가지기 십상이다. 그냥 지금 이대로 살는지, 아니면 새로운 인생이 펼쳐질는지. 그냥 간단하고 쉽게 생각하자.

잠시 숨을 고르다 시계를 바라보았다. 시침과 분침은 정확히 6시 10분을 가리키고 초침은 하염없이 째깍째깍 돌아가고 있다. 그래 지금이다. 눈을 질끈 감으려다 그냥 화면을 노려보며 클릭.

'축하합니다. 귀하는 금번 10년도 신입객실 승무원 최종 면접에 합격하셨습니다.'

태어나서 세상 처음 보는 화면이었다. 화면 속 '죄송합니다.' 문구에 온 몸속의 피가 전부 빠져나가는 느낌을 처음 받았던 21살 이후로, 자그마치 3년이었다.

과연 원하고 또 원하던 단 한 가지 목표를 이루어낸다면 어떤 기분일까. 제일 먼저 어떤 생각이 들까. 궁금했었다. 막상 꿈꾸었던 그 목표를 이루고 난 지금. 나는 피곤했다. 그동안 해왔던 쓰라린 좌절과 실망과 수없이 곱씹어 왔던 자괴감을 몸속에서 탈탈 털어낸 듯, 무거웠던 몸이 한없이 가벼워져 종잇장처럼 바스러질 것만 같았다. 일단 합격 페이지를 다시 한 번 확인해보았다.

'축하합니다. 귀하는 금번 2010년도 신입객실 승무원 최종 면접에

합격하셨습니다.'

아무래도 진짜 합격한 게 맞는 것 같다. 촌스럽게 드라마에서 봤던 것처럼 볼도 살짝 꼬집어보았는데 조금 아프다. 역시 이건 현실이 틀림없다.

"엄마. 나 드디어 합격했어."

전화기 너머 엄마의 거친 숨소리를 듣는 순간 왈칵 눈물이 났다. 엄마는 말을 잇지 못했다. 아마 눈물이 나는 걸 들키고 싶지 않아서였을 것이다. 둘이서 한참을 말을 잇지 못하고 눈물만 하염없이 흘렸다. 정말이지 이런 청승이 따로 없었지만, 정말 오랜만에 만감이 교차하는 기쁜 눈물을 흘렸다. 눈도 붓지 않을 만큼 기쁜 눈물 말이다. 흔히들 사람이 정말 기쁘고 행복하면 가장 먼저 나오는 것이 참을 수 없이 터져 나오는 탄성과 입이 찢어질 듯 함박웃음일거라고 생각한다. 하지만 **막상 경험한 극적인 기쁨의 반응은 아무리 펑펑 울어도 다음 날 눈도 붓지 않을 설탕같이 달디 단 눈물이었다.**

'은희야, 나 드디어 합격했다!!!'

기쁨 섞인 문자에 한참 있다가 온 그녀의 답장은 사뭇 건조했다.

'대박이다. 잘됐네. 축하해. 근데 이번에 몇 명 뽑은 거야?'

친구의 희소식에 대한 기쁨의 표현은 '대박', '잘됐네.' 정도였다. 그녀의 관심사는 이번에 몇 명이나 뽑은 건지. 내가 150대 1의 경쟁률을 뚫은 그녀와는 다르게 몇 대 몇의 경쟁률을 뚫은 건지. 혹은 그녀와 동등한 한국항공 승무원이라는 영광의 자리를 몇 명이나 차지하게 되었는지가 중요한 것 같았다. 하지만 아무래도 상관없었다. 이런 반응에 일희일비할 만큼 나는 여리고 약하지 않았다. 단단했다.

'이번에 250명 뽑혔어. 너 때보다는 경쟁률이 좀 약해졌지ㅋ'

옛다. 그녀가 듣고 싶어 하는 말을 해주었다. 결론은 '네가 최고다' 하지만 맨 뒤에 'ㅋ' 정도는 시니컬하게 붙여줘야 내 기분이 좋아질 것 같았다.

한국항공 승무원, 자그마치 5번 도전 끝에 거머쥔 내 7전8기의 눈물겨운 합격신화를 두고 주변에선 말이 많았고 여러 가지 반응이 엇갈렸다. 마치 자신의 성공인양, 함께 기뻐해 주는 이들도 있었지만 '정말 독하다, 보통이 아니다'라는 반응의 사람들도 많았다. 하지만 나는 역시 아무렇지 않았다. 주변 시선에 의식하고 신경 쓰는 것은 아무래도 내 인생에 큰 도움이 되지 않는다는 걸 너무 예전부터 깨달았기 때문이다.

그렇지만 조심스레 합격 소식을 전하자 말없이 수고했다며 어깨를 토닥여 주시던 이사님의 축하만큼은 나에게 너무 큰 의미이자 축복이었다.

"요즘 같은 시대에 승무원을 하든, 다른 뭘 하든 2년제 전문대 졸은 힘들어. 그냥 야간대학이라도 가서 4년제 졸업장은 따놔. 그리고 뭐라도 좀 해봐. 중국어 공부를 다시 해보든가. 의미 없이 출퇴근만 하는 비서는 나도 원치 않아."

거듭된 실패에 화풀이하며 목적 없이 꾸역꾸역 살던 그때 이사님의 그 말이 아니었더라면 **나는 그냥 되는 대로 그저 현재의 그런 직장에 출퇴근만 하다가 평범한 남자와 결혼을 하고, 때에 맞춰 아이를 낳고 엄마에게 항상 죄송한 용돈을 내밀며 물기 없이 건조한 삶을 살았을 것이다.**

●

평범한 1막:
조기취업을
꿈꾸다

찬란했던 나의…

나도 뭐 항상 우울한 일상만 가득했던 건 아니었다. 왕년
에 내가 말이야. 아저씨들의 대화에 늘상 등장하는 이놈의 왕년타령
을 나도 좀 해야겠다.

나는 머리는 꽤 좋은 편이었다. 공부머리만큼은 발달했다고 해야
하나. 고등학교 때 타고나게 약한 체력 탓에, 꾸벅꾸벅 졸다가 중간
고사 시험 전날 해야 했던 벼락치기의 기회를 날려버리고, 시험 당일
날 학교에서 징징대며 은희에게 겨우 얻은 정리 노트만 10분 보고도
받아든 95점 시험지를 앞에 놓고 민망하던 때가 있었다. 물론 예상

하겠지만, 그 정리노트를 보여주었던 은희는 나보다 낮은 85점 점수의 시험지를 받아들고 아무런 말없이 다음날 시험을 공부했다. 의도하지 않은 내 좋은 머리와 막내의 애교 많은 징징거림 덕에 사실 여자애들에게 폭넓게 인기 있는 편은 아니었다.

문제는 고 3때의 진로 고민이었다. 나는 돈을 많이 벌고 싶었다. 아니, 돈을 많이 벌어야만했다. 나는 길을 걸을 때마다 몇몇 남성들이 꼭 번호를 물을 만큼 꽤 예뻤고(물론 작정하고 잘 꾸민 날), 심지어 먹어도 살이 안 찌는 마른 체형에, 머리까지 좋아 노력 없이도 공부를 잘하는 고마운 딸이었다. 그러나 내가 중학교 때, 야심차게 벌인 사업이 망한 탓에 작은 회사들의 영업사원과 택시기사를 전전하며 딸에게 주는 적은 용돈에 항상 미안해하는 우리 아빠와 그런 아빠 덕에 작은 부동산에서 전화를 받고 집을 보러 다니는 잡업무를 그만두지 못해 하나뿐인 딸과 많은 시간을 보내주지 못하던 부모님을 두고 있었다.

초등학교 때 생일 파티를 하고자 오색빛깔 색종이에 열심히 꾹꾹 눌러 담은 글씨로 초대장도 만들어 내가 좋아하는 친구들에게만 나눠주고, 예쁜 고깔모자와 할머니가 새로 사준 원피스도 빳빳하게 다림질했다. 밤잠도 제대로 못 이루며 고대하던 생일날 아침, 엄마는 회사도 나가지 않고 직접 불고기도 만들어주고, 아이들이 좋아하는 치킨과 피자와 아이스크림 케이크까지 준비해두었다. 모든 것이 완벽했다. 그러나 집으로 들어오자마자 "여기가 너희 집이야? 집이 왜 이렇게 작아? 우리 집 안방보다 작은 것 같아."라고 정말 궁금한 듯 물어보던 내 짝꿍의 말 한마디에 엄마는 내가 좋아하는 고구마 맛탕을 만들다가 기름에 데인 손목의 화상 흉터가 아직까지 선명하다.

딱 이 날 하루만 빼고 눈에 넣어도 아프지 않을 예쁜 외동딸인 내게 항상 미안해하고 고마워하는 부모님을 한 번도 원망해본 적은 없었다. 나는 부모님의 유일한 기쁨이자 희망이고 또 꿈이었다. 그 무게에 짓눌리기보다는 그 기대에 부응하는 편이 내가 행복한 길이었다.

나이 50이 가까운 지금까지도 반지하 전세를 면치 못하는 엄마 아빠에게 볕이 잘 드는 집을 선물하고 싶었고, 여행을 좋아해 아쉬운 대로 매번 강원도 여행으로 만족하며 태어나서 해외여행이라고는 한 번도 가보지 않았던 엄마아빠에게 비행기를 맘껏 태워주고 싶었다. 이왕이면 빨리 취업에 성공해서 하루빨리 효도하고 싶었다. 변호사나 의사 같은 전문직 공부는 돈도 많이 드는 데다 오랫동안 공부를 해야 했다.(그리고 그 정도로 공부를 잘하지는 않았다.)

그렇다면 공부기간은 적더라도 빠르게 취업할 수 있으며 사회적 지위와 연봉은 높은 직업이 뭐가 있을까. 바로 서비스 직군이었다. 카지노는 연봉은 높지만 3교대 근무에 어른들에게는 이미지가 썩 좋지 않았고, 이미지가 좋고 복지가 좋은 호텔리어는 연봉이 좋지 못했다. 그렇다면 승무원. 연봉도 높고 사회적 이미지도 나쁘지 않은 데다가 부모님 여행을 맘껏 보내드릴 수 있었다. 심지어 2년제 전문대만 졸업해도 충분히 들어갈 수 있었다. 학자금 대출이 자그마치 2분의 1로 준다.

문제는 높은 나의 내신성적이 아까웠던 담임선생님과의 상담이었다. 이 정도의 내신성적이라면 서울의 4년제 대학은 충분히 들어갈 수 있을 텐데, 아쉬워하는 담임선생님을 설득하는 것은 생각보다 쉽지 않았다. 담임선생님의 연락을 받은 부모님은 나에게 그저 미안해하기만 했다. 물론 선생님의 의견에 동의하며 좋은 학교로 진학해라. 학비 걱정은 무슨. 엄마아빠가 너 하나 학비 대줄 능력은 충분히 있다. 말은 이렇게 했지만 표정은 어두웠다.

내가 알아봤던 1순위 학교 중 한국항공이 설립했다던 한국항공공업전문대학교의 항공운항과는 꽤 경쟁률이 높은 편이었다. 예전부터 한국항공으로 많은 승무원들을 배출했을 뿐더러 2분의 1 정도는 어떤 항공사든 무조건 합격시키는 명문학교라고 했다. 아무나 갈 수 있는 학교가 아니었고 공부만 잘한다고 해서도 갈 수 있는 곳도 아니었다. 물론 내신과 함께 면접을 통해서 승무원이 될 이미지의 학생들을 선발한다고 했다. 나의 목표는 학교 진학이 아니라 좋은 직장으로의 취업이라는 사실과 집안 사정까지 거듭 강조하자 더 이상 담임선생님도 내 뜻을 꺾지는 못했다.

한국항공공업전문대학교
: 스튜어디스과

나는 역시 바라던 대로 한국항공공업전문대학교에 입학했다. 하지만 생각했던 것보다 훨씬 더 엄격한 규율로 아무런 각오 없이 들어온 사람들은 견디기조차 힘들었을 것이다. 우선 선배에 대한 깍듯한 예의는 절대적인 거였다.

우선 복장은 흰 블라우스에 무릎을 덮는 기장의 검정색 스커트와 튀지 않는 검정색 자켓. 그리고 잔머리 한 올 용납하지 않는 쪽머리. 이렇게 대한제국 시대의 스타일링이 지정 복장이었다. 고등학교 시절에는 '졸업하고 대학만 가면 뭐든 할 수 있다'는 다짐으로 버텨냈건만, 파스텔 톤의 의상과 아름다운 캠퍼스 낭만은 온데간데없이 현실은 제2의 고등학교였다.

하지만 아무래도 상관없었다. 어차피 고등학교 3년보다 1년 짧은, 2년간의 생활만 버틴다면 나는 어느 누구보다 화려하고 낭만 있는 승무원 생활을 할 테니 말이다.

이곳에서 교수님의 말씀은 법이었다. 한국항공 전문학교였기 때문에 한국항공에서 10년 이상 비행하신 교수님들만 강의를 할 수 있었다. 약 20년간 긴 머리를 고수하던 나의 머리가 싹둑 잘려 단발머리가 된 것도 교수님의 '세진은 얼굴형이 좀 긴 편이라 쪽머리는 인상

이 날카로워 보이는 것 같아. 그냥 보브 컷으로 확 자르고 와볼래?'
한마디 때문이었다. 막상 자르고 교수님께 보이자 너무 애기 같아 보
인다며 다시 기르라고 했을 때의 황당함은 교수님의 말씀에 죽는 시
늉이라도 할 것 같은 선배들을 보며 사그라들었고, 다시 기르는 수
밖에 없었다.

게다가 1년 위의 선배는 하늘 같은 존재였다.(2년제이니 당연히 두 학년
뿐이다.) '발렌타인 데이'나 '빼빼로 데이' 같은 기념일에 지정된 2학년
멘토 선배에게(각각 한 명씩 멘토와 멘티로 선후배가 지정된다) 정성들인 선물
을 드리는 것부터 복장을 비롯한 손톱이나 머리 스타일까지 멘토 선
배에게 검수를 받는다. 길을 걸으면서 음료를 마시거나 음식을 취식
하는 것도 금지이다. 자랑스러운 한국항공전문대학의 항공운항과로
서의 명예가 실추되기 때문이다. 당연히 sns활동이나 남성들과의 미
팅 같은 만남들도 1급 기밀의 첩보사항이었다.(하지만 전쟁통에도 남녀가
눈이 맞고 사랑이 이루어지지 않는가. 알아서 다들 연애는 했다.)

하다 못해, 지정된 유관순 복장이 아닌, 알아보기 힘든 다양한 스
타일링의 사복을 입고 있는 선배를 감히 못 알아보고 인사 없이 지
나칠 경우 학교는 발칵 뒤집힌다.

대단한 건 200명이 넘는 신입생들을 일일이 검문해서 결국엔 찾
아내고 벌점을 부과한다는 것이다. 덕분에 유니폼을 입고 학교로 출
발하는 순간부터 모든 감각을 동원하여 선배들을 찾아내 인사해야
했고 어지간히 배고프지 않고서는 입에 물고 다니는 음료나 취식조

차 하지 않았다. 당시에는 '대체 이렇게까지 해야 하나'라는 의문과 함께 반발심도 들었으나, **오랜 시간이 지난 뒤 한국 항공에 입사해서는 오히려 이러한 규율이 몸에 밴 덕분에 다른 승무원 동료들과는 달리 항공사나 집단에 대한 반발심 때문에 힘들지는 않았다. 그뿐만 아니라 내가 거쳐 갔던 수많은 아르바이트나 회사에서 난생처음 여성들에게 귀염받는 후배로 쉽게 적응할 수 있었다.**

첫 번째 도전

드디어 한국항공의 객실승무원 실습생 채용이 떴다. 나는 채용소식만으로도 허파에 바람이 잔뜩 들었다. 스물 한 살의 나이에 번듯한 직장으로 취업에 성공하는 건 시간문제라고 생각했기에 몹시 설 다. 실습생 전형의 경우는 항공운항과 학생들을 대상으로 모집하는 건데, 기존 공개채용과 동일하게 1차, 2차 면접 후에 선발된 인원은 2개월간 교육 후 승무원들과 똑같은 유니폼을 입고 똑같이 3개월간 비행을 하며 평가를 받는다. 이후, 3개월간의 평가 비행이 끝나면, 임원진의 최종면접 성적과 비행시 평가를 합산하여 총 70퍼센트 정도의 실습생만이 최종적으로 한국항공의 객실 승무원이 된다.

경쟁률이나 면접 압박감 따윈 아무래도 상관없었다. 전국의 항공운항과 전문대학교 중에서는 우리 학교가 가장 명문이었고, 그동안 합격한 실습생 중의 80퍼센트가 대부분 우리 학교 출신이었다. 게다가 나는 개중에서는 명석한 두뇌와 잘 웃는 호감형 외모로 교수님들께 귀염을 독차지하고 있었다.

사실 암암리에 소문이 돌았다. 교수진들의 추천으로 학년당 우수한 7명 정도는 프리패스처럼 그냥 추천전형으로 합격이 된다는 거였다. 다들 말이 안 된다며 믿지 않는 분위기였지만 200명 중 7명 정도는 가능할 것 같았다. 그리고 기존에 교수님들께 귀염을 독차지하던 선배들은 모두 한국항공의 승무원으로 비행을 하고 있다는 점에서 더욱 신뢰가 갔다.

나는 스물한 살, 대학교 2학년이었지만 학교에서 엠티를 가고 연애하며 허송세월을 보내는 여느 또래들과는 다르게 800점이 훨씬 넘는 토익 성적을 보유하고 있었고, 학점은 4.5 만점 에 4.3이었다. 나는 너무 화려하게 튀는 외모보다는 단아하고 선하게 생긴 청순가련형의 외모였기에 담당 교수님께서는 합격은 따놓은 당상이라고 늘 말씀하셨다. 그러니 당연히 200명 중 7명에 들 만큼의 스펙과 이미지라고 생각했다. 나는 2년도 채우지 않고 어느새 낯설었던 이 학교의 시스템에 완벽하게 적응했던 거였다.

실습생 면접을 앞두고 내 동기들은 다들 긴장하며 면접 기출 질문 족보를 돌려보았고 면접복장을 빳빳하게 새로 맞추고 메이크업 샵도 예약했다. 굳이 돈들일 필요가 있을까. 어차피 기본실력인데, 생각하며 나는 면접 당일 서툴지라도 교수님께 칭찬받은 대로 헤어와 메이크업을 정갈하게 하고 살구색 매니큐어가 잘 말랐는지 꾹꾹 눌러보며 살색 스타킹을 한 벌 더 챙겼다.

남들은 놀며 대학생활을 즐길 무렵, 벌써 면접을 보는 나에게 미안했던 부모님이 거나하게 차려주신 아침 밥상을 배불리 먹고 아빠는 오전 택시영업을 미루고 면접장까지 나를 배웅해주었다. 굳이 면접이 끝날 때까지 회사 앞에서 기다리다가 다시 태워오겠다며 부득부득 우기는 아빠를 등떠밀어 보내고 나는 면접장으로 가볍게 들어갔다. 큰 강당만한 대기실을 가득 메운 서류 합격자 200명 중 거의 과반수에 해당하는 140명은 역시나 우리 학교 동기들과 선후배들이었다. 우리 학교 학생들을 제외한 60여 명은 딱 봐도 승무원을 지망하는 항공운항과 학생들이라고 하기에는 심히 외모가 딸렸다. 평균 165는 훌쩍 넘는 항운과치고는 키도 작달막했고, 피부는 노랗거나 까맸다. 심지어 지방에서 올라온 몇 명은 촌티가 좌르르 흘렀다. 역시 우리끼리의 경쟁인가. 안심하며 반가운 얼굴들 몇몇과 면접 기출문제들을 보면서 내 차례를 기다렸다.

이번 전형에서는 200명 중 40명을 실습생으로 선발하고 그중 10명을 제외한 30여 명만이 최종 승무원으로 전환이 된다고 했다. 오늘 실무진 면접에서는 80명 정도가 뽑힐 것이다. 사실 오늘의 1차 면접보다는 앞으로 3개월 동안의 평가비행에 대한 부담감이 조금 있을 뿐 면접에 있어서는 그다지 긴장이 되지는 않았다.

15분 남짓 기다렸을까. 드디어 내 이름 '김세진'이 호명되고 면접장에 들어서자, 다행히 촌티 좔좔 지방 항공운항과 애들로 보이는 두 명과 그냥 지극히 평범해 보이는 세 명 그리고 동기 한 명. 이렇게 나까지 일곱 명이 함께 면접장에 입장했다.

1번의 차렷, 인사와 함께 학교 한국항공에서 10년 이상 근무하며 훈련원 교관까지 역임하셨던 교수님께 배운 면접 매너 그대로 온화한 미소와 함께 한 치의 흐트러짐 없는 자세, 낭랑한 목소리로 인사를 했다.

"수험번호 3번 김세진입니다."
"뭐라구요? 김재진?"
"아, 네. 면접관님 제 이름은 김 'th세'진입니다."
"교정기를 끼웠나요?"
"아, 네 면접관님, 저는 교정은 하지 않았습니다."
"아 그럼 발음이 잘 안 되시나 보네요."

이건 전혀 예상하지 못했던 시나리오였다. 아, 물론 비슷한 그림이

연상되긴 했지만 전혀 다른 배경에서 다른 반응으로 이어지는 경험이었다. 딱 한번 대학교 1학년 미팅 때 만난 체대 오빠들과 고깃집에서 통성명을 할 때 내 차례가 오자 '제 이름은 김 'th'ᅦ'진이에요.' 그저 이름을 말했을 뿐인데, 모두가 웃으며 날 귀여워했던 적이 있었다.

"뭐? 이름이 김재진?"
"아니요. 김 'th'ᅦ'진이요."
"푸하하. 그러니깐 김'th'ᅦ'진 귀엽네."

딱 이 정도였다. 시옷 발음이 조금 새긴 했지만 불편함을 느낄 새 없이 모두가 귀엽다고 웃으며 넘어가는 딱 이 정도였다. 오히려 미팅 당일날 나는 남자들에게 몰표를 받았다. 심지어 교수님들에게까지도 발음에 대한 지적을 받은 적은 거의 없었다. 그랬기에 나는 지금까지 내 발음에 대해서 한 번도 심각하게 생각해 본 적이 없었다. 그러나 지금 내 앞의 면접관들은 귀여워하기는커녕 교정기까지 운운하며 새삼 심각한 표정이었다. 분명 입장을 하고 웃으며 인사를 할 때까지 면접관들은 내 쪽을 유심히 보고 있었다. 그러나 내 이름을 답하고 나서부터는 본인들끼리 한동안 눈빛을 교환하며 타자기를 타닥타닥 두드리다가는 더 이상 어떠한 관심은커녕 이쪽을 쳐다봐 주지도 않았다.

1번부터 7번까지 공통질문으로 간단한 자기소개와 승무원으로 지원한 동기에 대해서 물었다. 5번 지원자는 지방의 전문대학교 항공운항과 출신이었는데 어릴 적 중학교 3학년부터 고등학교 2학년까지 부모님을 떠나 동생과 함께 중국에서 살다 온 경험이 있다고 했다. 갑자기 면접관들의 시선은 5번 지원자를 주목했다.

"중국에서 사춘기 시절을 보냈는데 처음에 뭐가 제일 힘들었나요?"

"네. 사실 저는 중국어를 한마디도 못한 상태에서 중국에 갔습니다. 심지어 제가 머물던 곳은 중국의 작은 시골마을이었기 때문에 처음에는 집을 나서면 길을 잃을까 봐 집밖으로 나가기조차 무서웠습니다. 하지만 저는 항상 누구를 만나든 항상 먼저 웃고 인사를 했기 때문에 생각보다 이웃주민들이나 학교 중국인 친구들과 금세 친해질 수 있었고 중국어도 생각보다 더 많이 늘어서 올 수 있었던 것 같습니다."

"아 중문학과도 아닌데 중국어가 5급이면 잘하는 편이네. 중국어로 자기소개 해볼까요?"

까무잡잡한 피부에 코 평수가 넓어 보이는 여자애였다. 심지어 사투리까지 살짝 묻어나는 말투의 알 수 없는 지방대 항공운항과 출신으로 저 아이는 절대 나의 적수가 될 수 없다고 생각했었건만, 지금 면접관들은 일제히 그 애를 바라보며 유창한 중국어 실력에 흡족해하고 있었다.

개별질문은 그 애를 마지막으로. 5번을 제외하곤 아무도 관심을 받지 못한 채, 면접은 허무하게 끝났다. 면접장에서 나오자마자 조원들은 모두 "5번이 누구에요." 5번 지원자만 찾았다. 다시 봐도 까맣고 좁쌀 여드름이 올라온 피부에 작은 눈코입, 작달막한 키. 감히 한국항공의 유니폼이 어울릴 리 없는 아이였다.

도무지 인정할 수가 없었다. 나는 동기들 사이에서도 토익이 꽤 높은 편인데다 이미 교수님께 인정받는 유망주들 중 한 명이었다. 그런데 단지 그놈의 시옷 발음 하나 때문에 저런 아이에게 밀리다니. 1차면접의 결과 따위에 전혀 걱정하지 않았건만, 이런 상황은 예상 시나리오에 없었다. 동기들은 한 조에 두 명 정도가 붙을 거라며 나를 위로했지만 나에게만 유독 심각했던 면접관들의 표정을 떠올리니 솔직히 자신이 없었다.

아무리 생각해도 내가 1차 면접에서 떨어질 형편없는 지원자는 아니었다. 믿어주시고 응원해주셨던 교수님들은 실망하실 것이고, 동기들과 후배들 또한 당연히 예상하지 못한 나의 탈락에 얼굴을 들 수 없는 민망한 상황이 올 것이다. 잘난 척 해봤자 별거 없다며 꼴좋다 생각하는 사람들의 비소를 견뎌내어야 할지도 모른다.

아직은 2학년 1학기의 봄 4월이었기에 앞으로 1년은 더 다녀야 할 학교다. 합격을 호언장담했던 부모님께는 또 어떻게 말해야 하나. 어떤 핑계를 대야 할까. **이렇게 오만가지의 상상과 걱정 끝에 내린 결**

서른, 우리는 실패를 즐기기로 작정했다

론은, 우선 이런 쓸데없는 잡념에서 벗어나 객관적으로 현실을 돌아보아야 한다는 거였다.

그 애와 나의 차이점, 아니 그 아이가 나보다 나은 단 한 가지는 '중국어' 그래 중국어뿐이었다. 면접관들은 그 애의 중국어에 혹했던 것이다. 중국이 갑자기 급작스런 성장을 하면서 많은 중국인 승객들이 한국항공을 이용하고 있고 그에 발맞춰 중국어 자격이 있는 승무원이 필요한 거였다. 그래야 말이 된다.

나에게는 주춤할 시간이 없었다. 아쉬움에 뒤돌아보거나 '아 내가 왜 그랬을까' 후회하고 스스로 탓할 시간 없이 나는 바삐 앞으로 나아가야만 했다. 오히려 더 나은 내가 되기 위한 기회라고 긍정적으로 생각하며 다른 목표를 잡는 편이 조금이라도 도움이 된다. 이 시간 이후로 나는 '중국어'라는 새로운 목표에 집중할 수 있었다.

●

고군분투 2막:
취준생

나는 경주마: 중국어

　앞만 보고 달리는 경주마. 경주마들의 눈에는 눈가리개가 씌워져 있다. 깔때기같이 생긴 눈가리개인데 앞부분만 뚫려서 고개를 돌리지 않는 이상 옆과 뒤는 볼 수 없다. 옆 레인으로 치고 들어오는 다른 말들에 위협을 느낄 새 없이 앞만 보고 달리기 위함이다.

　당시의 나는 앞만 보고 달리는 경주마였다. 스스로를 돌아보고 고찰하고 조금 주춤하며 쉬어갈 여유 없이 그저 앞만 보았다. 물론 고개를 돌려 뒤를 돌아볼 생각은 없었다.

　내 생애 첫 면접에서 불명예스러운 '죄송합니다. 귀하는 이번 전형에…'라는 불합격 통보를 받고나서부터는 집착처럼 끝이 보이지 않을 앞만 보는 달리기가 시작되었던 것 같다.

나를 제외하고 학교 내에서 촉망받던 몇몇의 동기들은 불행히도 이번 실습생 면접에서 합격을 거머쥐었고, 학교 교수님들을 비롯한 동기들과 후배들의 나를 향한 선망의 시선은 빛을 잃고 차가워졌다.

하지만 나는 태연했다. 어차피 중반기와 하반기 두 차례에 걸쳐 실습생이 아닌 한국항공의 공개 채용이 예정되어 있었다. 중반기 채용은 두 달 정도밖에 남지 않은 6월이나 7월을 예상했기에 아무런 스펙 변화가(영어나 제2외국어, 자격증들) 없는 상태에서의 지원은 무리였고, 11월이나 12월에 예정되어 있는 하반기 채용을 노려야 했다. **하지만 나는 아직 어렸고 시간은 많았다.**

사실 실습생은 6개월 정도를 교육과 실습으로 쪼들리면서 에너지만 허비하는데다 실수 하나만으로도 최종면접에서 떨어질 수도 있기 때문에 공채로 한 번에 들어가는 편이 더 좋았다.

물론 한국항공 이외의 다른 항공사들도 채용을 앞두고 있었으나 눈에 들어오지는 않았다. 오직 한국항공이어야 했다. 남들은 4년 동안 즐기는 대학시절의 내 청춘을 바치는 대가라면 한국항공의 연봉과 국내 최고 항공사라는 네임 벨류 정도는 되어야만 했다.

학교 수업이 끝나자마자 우선 가까운 중국어 학원을 찾았다. 문제는 중국어 5급까지 취득을 하는 데 최소 8개월에서 1년이 걸린다는 거였다. 하지만 나에게는 그럴 만한 시간적 여유가 없었다. 하반기 채용이 뜨기 전에 중국어 5급 점수를 무조건 취득해 놓아야 했다. 지금은 4월이고 지금부터 공부를 시작해도 8개월 이후라면 12월 하반기 채용에서 이력서에 중국어 자격을 채워 넣기에는 시간이 촉박했다.

상담원은 천천히 3급부터 시작해서 4급을 따는 것을 추천했지만, 나에게는 5급 이하는 눈에 들어올 수 없었다. '전공자도 아닌데 5급이면 꽤 잘하시네요.'라고 말하던 면접관의 칭찬을 거머쥐어야 했기 때문이다.

"다른 방법은 없을까요?"

상담원을 붙들고 물었다. 하지만 그녀의 답은 변함이 없다. 10월 이전까지 한국에서 최선을 다해 봤자 취득할 수 있는 최대의 효과는 4급이란다. 힘없이 상담의자에서 일어나는 찰나, 나지막하게 "혹시 중국에 간다면 모를까." 읊조리는 그녀의 혼잣말을 듣고는 여름 학기에 있던 중국으로의 단기 교환학생 프로그램을 떠올리며 한 줄기 희망의 빛이 드리워졌다.

중국에서는 6개월만 중국인들과 먹고 자고 생활만 같이 해도, 한국에서의 1년보다 훨씬 더 좋은 점수를 얻을 수 있다고 했다. 시간적 여유는 얼추 맞았지만 문제는 비용이었다. 집으로 오자마자 인터넷으로 교환학생 프로그램을 찾아보았다.

여름방학을 포함하여 딱 6개월이었고 비용은 학비를 제외하고는 기숙사비와 생활비를 포함하여 대략 200만 원선이었다. 광저우라는 대도시에 있는 학교였기 때문에 학교 네이밍도 나쁘지 않았다.

하지만 지금은 벌써 4월을 지나고 있었고 200만 원이라는 돈을 내 힘으로 마련하기에는 시간적 여유가 없었다. 적어도 아르바이트 세 가지는 병행해야만 마련할 수 있는 액수다. 하지만 나는 학점 관리도 해야 했고, 중국어가 빨리 늘기 위해서는 중국에 가기 전, 기초적인 중국어 정도는 해야 했기에 심지어 중국어 학원까지 등록해야만 했다. 한마디로 단기간에 내 힘으로 그만한 돈을 마련하는 것은 불가능했다. 다른 방법은 없었다. 어쩔 수 없이 부모님께 손을 벌려야 했다. 취업이 될 때까지 부모님 도움 없이 혼자 힘으로 멋지게 해내고 싶었건만, 딱 이번 한번만 손을 벌리자 다짐하며 어렵게, 어렵게 이야기를 꺼냈다.

하지만 엄마와 아빠는 부탁하는 나에게 오히려 고마워했다. 고등학교 졸업 후 처음 손을 벌리고 의지하는 딸이 반갑다고 했다. 그리고 부모로서 조금이나마 도움을 줄 수 있어서 기쁘다고 했다.

중국 교환학생
: 세상은 넓고 사람은 많고 나는 잘났다

　한국을 벗어난 해외는 처음이었다. 비행기를 타는 것도 처음이었다. 이미 해외여행 경험이 많았던 함께 가는 동기 둘은 조금도 들뜬 기색이 보이지 않았기에 난생 처음 타본 비행기와 해외로 간다는 설렘을 숨겨야 했다. 기내식도 맛있었고 승무원들은 정말 친절했기에 직업선택은 조기에 참 잘했다는 생각이 들었다. 나도 저렇게 환하게 웃으면서 비빔밥을 서비스하는 건 정말 잘할 수 있을 것 같았다.

　광저우는 내가 생각했던 것보다 훨씬 발달된 도시였다. 물론 장작 4~5시간 동안 낡은 버스를 타고 붉은 지평선이 보이는 시골로 한참을 들어가기 전까지는 말이다. 내가 6개월 동안 지낼 곳은 마치 영화 같았다. 영화에서만 존재하는 줄 알았던 낡은 흙집들과 태양의 열기를 그대로 흡수해 뜨겁게 끓어오르는 붉은 흙 땅. 내가 지낼 기숙사와 학교, 몇몇 상점들을 제외하고는 정말 아무것도 없었다. 이곳에 오면 중국어는 무조건 늘어서 올 수밖에 없다고 했던 행정실 실장님의 말에 이제야 격한 공감을 할 수 있었다. 주변에 게을러질 만한 곳이 없었기에, 공부밖에 할 수 없는 완벽한 환경이었다.

　학교 기숙사는 세 명이 한 방을 썼다. 한국인들끼리 방을 같이 쓰

서른, 우리는 실패를 즐기기로 작정했다

는 거였는데, 이 학교에서 한국인이라고는 나를 비롯한 동기들, 그리고 타 학교에서 온 몇 명을 포함해 10명 남짓이었다. **이대로 방을 같이 쓰게 된다면 한국인들끼리 어울려 놀고 먹으며 허송세월 보낼 6개월이 불 보듯 뻔했다. 그래선 중국에 이런 돈과 시간을 투자해서 온 이유가 없어진다.**

더 이상 고민할 이유가 없었다. 나는 그 길로 담당 선생님을 찾아가 중국인 룸메이트와 함께 방을 쓰겠다고 자처했다. 담당자는 보통 한국인들과 함께 방으로 써야겠다고 고집 부리던 다른 한국 학생들과는 달리 먼저 찾아와 중국인들과 방을 쓰고 싶다고 부탁하는 학생은 처음이라고 했다.

낡은 키를 받고 배정받은 방으로 들어가 짐을 풀고 있으려니 중국인 룸메이트 여학생 두 명이 등을 긁적이며 피곤한 듯 방으로 들어왔다. 나이대는 나와 비슷해 보였으나 조금도 꾸미지 않아 마치 고등학생 같았다. 나는 그들과 빨리 친해져야만 했으나 중국어로는 자기소개나 가격 흥정 정도만 할 수 있는 실력으로 그 둘의 대화에 끼어들기는 어려웠다.

하지만 나에게는 그들의 흥미를 끌 만한 가장 큰 무기가 있었다. 바로 화장품과 솜씨 좋은 화장술이었다. 2년 내내 아침부터 학교에 풀 메이크업을 하고 다녀야 했고 또 손재주도 좋은 편이기에 나는 꽤 화장을 잘하는 편이었다.

나는 매일같이 아침 등교 전 일찍 일어나 화장을 했다. 역시나 얼마 지나지 않아, 향기로운 향수와 분 냄새를 맡고 일어난 그들이 먼저 관심을 보였고 며칠 후에는 나에게 먼저 말을 걸었다. 알고 보니 한국에서는 굉장히 저렴한 화장품 브랜드가 중국에서는 꽤 값나가는 편이었기에 그들에게 있어 나의 화장품 파우치는 신세계였다. 잘 안 쓰는 섀도우나 립스틱을 한두 개 선물했을 때, 평소 심드렁했던 표정의 그녀들은 정말 환하게 웃었다. 길게 기른 누런 손톱으로 계속해서 머리나 등을 계속해서 긁적이던 그들 역시 꾸미는 걸 좋아하는 여자였던 거다. 동서고금, 나라를 막론하고 여자는 여자다.

잘 안 씻는(실제로 문화 특성상 한국인들보다는 잘 씻지 않는다.) 중국인들과 어울리는 내가 이해가지 않는다는 듯 동기들과는 자연스럽게 멀어지면서, 그 이후로 나는 그들과 함께 밥을 먹었고, 심지어 가족들이 사는 집에 식사 초대까지 받을 정도로 친해질 수 있었다. 당연히 나의 중국어는 빠르게 늘었다. 내가 머리는 꽤 좋은 편이지 않은가. 원래 한자능력 2급이 있었기에 비슷한 중국 간체자는 빨리 습득할 수 있었고, 또 그녀들과 계속해서 영어와 중국어를 섞어서 대화를 하려니, 어순이 비슷해서 영어 실력까지 같이 좋아졌다.

시간은 역시 빨랐고 6개월이 지나면서 내가 얻은 것은 일상생활 용어 정도는 쉽게 말할 수 있는 중국어 회화실력과 더불어 hsk 5급도 취득할 수 있었다. 물론 내 동기들은 초보 중국어 수준인 hsk 4

로 만족해야 했다.

야심찬 두 번째 도전 그리고…

보통 1년의 연수에 비하면 짧은 편이었던 6개월간의 중국 생활은 꽤 강렬했다. 인천공항으로 도착해서도 내 옷가지며 머리카락이며 온통 샹차이(고수) 냄새와 갖가지 중국의 향신료 냄새가 그대로 배여 있었기 때문이다. 그래서인지 출국 당시의 여름옷 그대로였던 내가 감기 걸릴새라 두꺼운 파카를 들고 마중 나온 아빠의 표정이 그다지 밝지만은 않았다.

내가 중국에 있던 8월에 한국항공은 당초 뽑기로 예정되었던 150명보다 50명 적은 100명 정도의 인원만을 채용하면서 이번 12월에 200명 가까이의 대규모 인원의 채용을 확정했다고 했다.

물론 이번 채용에 사활을 건 내 이력서는 빵빵했다. 나는 이제 더이상 예전의 실습생 면접 때처럼 현실을 모르지 않았고, 토익 820점에 한 학기 동안의 중국 교환학생 경험이 추가되며 중국어 hsk 5급을 꽤 높은 점수로 취득해왔다. 이제는 3개 국어가 가능한 지원자로 거듭난 거였다.

중국에서의 교환학생 경험을 십분 녹여낸 자기소개서를 쓰고 업

데이트 된 나의 어학 성적들을 입력하면서 역시 이번 채용은 느낌이 좋았다. **그동안 매번 경험했던 거지만 열심히 노력한 만큼의 대가는 반드시 따라와 주기 때문이었다.** 한국 제일의 명문 항공전문대학교 입학에서부터 토익 800점대 달성, 중국어 자격 취득까지 내가 이를 악물고 열심히 노력했던 것들의 결과는 항상 좋았다. 이번에도 역시 그럴 것이다.

한국항공 07년도 하반기 1차 면접. 이미 실습생 면접을 통해 면접장에서의 분위기를 한 번 경험해 보았기에 그리 떨리지도 않았다. 면접장에 들어서자마자 이를 갈았던 만큼 그들을 향해 활짝 기분 좋게 웃어 보이자, 역시나 면접관들은 예전처럼 나를 쳐다봐주었다. 그래, 이미지는 합격이라는 거다. 사실 지난번 내가 떨어진 이유는 발음과 중국어가 없다는 이유뿐이었으나, 누군가에게는 4년이나 걸렸던 중국어 5급 자격을 나는 지난 6개월 만에 취득해왔다. 이제 발음에 조금 신경 쓰고 말만 잘하면 끝나는 게임이었다. **이 시간 이후부터는 오직 나와 면접관과의 시간이기에 이제 다른 지원자들에 대한 관심은 거두어야 했다.** 신경이 쓰이고 방해만 될 뿐이었다.

이번 면접의 공통질문으로는 역시 자기소개였다. 나는 우선 야심차게 준비했던 중국어 자기소개를 정말 큰 목소리로 자신감 있게 읊었다.

"따쟈하오. 런스니먼헌가오싱. 워더밍쯔~

안녕하십니까. 저는 준비된 지원자입니다. 지난번 면접 이후 저는 면접관님들께 저의 열정과 능력을 보여드리기 위해 6개월이라는 시간 동안 중국 광저우에서 생활하며 hsk 5급을 최단기간에 취득하였습니다. 앞으로 중국인 승객분들까지도 아우를 수 있는 서비스 전문가가 되겠습니다."

역시나 면접관들은 일제히 나를 쳐다보며 관심을 보였다. 역시 이거였다. 40대쯤으로 보이는 인사담당자가 안경을 고쳐 쓰고 이력서와 나를 번갈아 쳐다보며 다시 물었다.

"아, 중국어 5급을 최단 기간 안에 취득하셨다구요. 대단하시네요. 본인만의 노하우를 알려주시겠어요?"

면접관은 분명 나에게 칭찬을 해주었다. 면접에서 칭찬을 받으면 무조건 붙는다고 말씀해주신 교수님의 말씀이 떠올랐다. 이건 명백한 호감의 표시였다.

"네. 저는 우선 중국에 가기 전에 학원에서 미리 기초 중국어를 학습하고 갔습니다. 또 기숙사에서 룸메이트를 선정할 때에도 중국어를 빨리 배우고 싶어서 한국인이 아닌 중국인 룸메이트와 시간을 보냈습니다. 덕분에 빠르게 중국어가 늘 수 있었던 것 같습니다."

고개를 끄덕이는 면접관들을 보면서 나는 이내 마음을 놓고 편하게 면접에 임할 수 있었다.

면접장을 나와서 역시 조원들은 나에게 일제히 주목했다. "붙으실 것 같아요." 여기저기서 쏟아지는 부러운 눈빛을 받으면서 나는 개운하게 면접장을 나설 수 있었다. 물론 아직 시작일 뿐이다. 더 중요한 임원면접이 남아있었고 체력이 약한 내 특성상 컨디션 조절이 필수였다.

발표는 정확히 일주일 뒤인 금요일 6시였다. 내 면접 후기를 들은 부모님과 동기들은 모두 역시 합격은 따논 당상이라며 미리 축하를 전했고 나는 실습생 때의 첫 면접과는 확연히 다른 기분에 들떴지만 티를 내지 않으려 노력했다.

나는 일부러 발표시간에 맞춰 싱숭생숭 들뜨지 않으려 한국에 돌아오자마자 새로 구해놓은 스터디 카페에서의 아르바이트를 금요일 저녁근무로 조정해 두었다. 12월 중순 시험기간도 끝나 가는데다가 연말을 맞아 매일같이 붐비던 스터디 카페의 금요일 저녁은 비교적 한산했다. 사실 합격을 80퍼센트 정도 예상했지만 그래도 엄습해오는 기분 나쁜 긴장감을 지우기 위해 열중할 다른 곳이 필요했다. 하지만 아무도 없는 널찍한 텅 빈 스터디 카페는 좁고 답답한 우리 집보다 더 고요했고 심지어 외롭기까지 했다.

시간은 6시 되기 5분 전. 내 머릿속엔 면접 때의 상황 1분 1초가 시뮬레이션으로 계속해서 재생되었고, 반복이 될 때마다 기억은 조금씩 달랐다. 면접관의 미소가 환했었는지 실소였는지 비소였는지, 그리고 자기소개를 할 때 타닥타닥 빠르게 입력되던 타자기 소리까지 흐릿했다. 분명히 면접을 보고 나서는 개운한 마음이 들었었다. 혹자는 면접이 끝나고 나서의 느낌이 가장 정확하다고 했기에, 나는 그 당시의 개운함을 믿어야만 했다. 하지만 시계 초침이 돌아갈수록 내 심장은 빠르게 뛰었다. 기분이 썩 좋지 않은 두근거림이었다.

시간은 6시를 넘기고, 혹시나 하는 마음에 F5 새로 고침 버튼을 계속해서 눌러봐도 합격자발표 화면은 아직 뜨지 않는다. 때마침 감사하게도 출입문 종소리가 울리며 손님이 찾아들어왔다. 인원을 체크하고 스터디 룸 사용 규정에 대해 설명하고 방을 안내해주려는데, 갑자기 굵직한 휴대폰의 진동. 동기로부터의 문자였다.

'발표났다.'

이 짧은 네 글자에 잠시나마 다른 곳에 집중하느라 고요했던 심장이 몹시 쿵쾅거린다. 가빠진 심장의 펌프질 덕분에 팽창된 혈관이 손끝까지 미세한 떨림으로 느껴진다. 나는 분명히 한번에 여러 가지의 일에 집중할 수 있는 멀티형 인간이었으나 이 순간만큼은 무슨 정신으로 손님들을 방까지 안내해주었는지 모르겠다. 우선 떨리는 손끝으로 F5 새로 고침 키를 누르자, '2007년도 하반기 한국항공 객실승무원 채용공고 합격자 발표'가 채용공고 게시판에 새롭게 추가되어 있다. 아이디와 암호 입력란에 ID:FLYHIGH0213 PW:TPWLS0213를 입력하고 네모난 확인버튼을 누른다.

'죄송합니다. 금번 채용에 지원해주셔서 감사합니다.'

믿을 수 없었다. 대체 뭐가 죄송하고 감사하다는 건지. 우선 화면을 껐다. 분명 잘못 입력이 된 거다. 전산오류? 그런 경우도 있다고 했다. 다시 채용 홈페이지로 바삐 들어가 타닥타닥 신경질적으로 아까 입력했던 아이디와 암호를 빠르게 입력했다. 다시 네모난 확인버튼 클릭.

'죄송합니다. 금번 채용에 지원해주셔서 감사합니다.'

화면은 바뀌지 않았다. 이번에도 탈락인 것이다. **분명 나는 저 먼 타지 중국까지 가서 고생하며 피나는 노력 끝에 지난번 지원과는 비교되지 않게 달라졌고, 아무리 생각해도 떨어질 이유가 없었다. 이건 도무지 말이 안 되는 상황이었다.** 순간 파노라마처럼 머릿속에 지난 면접장면이 수백 장의 필름처럼 스쳐지나갔다. 대체 내가 아니라면 누가 붙은 거지? 분명히 면접관들은 나를 보고 웃고 있었고 그들의 시선은 모조리 나에게 꽂혀 있었다. 심지어 답변의 기회 또한 나에게 가장 길게 주어졌었고 또 경청했었다. 내 이력서와 중국어는 틀린 것 없이 완벽했다. 발음? 최대한 시옷 발음에 신경 썼기에 면접관들은 나의 발음에 어떠한 언급도 없었다.

나는 혼란스러웠다. 이토록 노력하고도 얻어지지 않았던 적은 한 번도 없었기 때문에 몹시 당황스러웠다. 심지어 최종면접도 아니고 겨우 1차 실무진 면접일 뿐이었다. '취업' 단 한 가지 목표만을 위해 많은 걸 포기하고, 또 부모님께 처음으로 손을 벌려가면서까지 할 수 있는 최대의 역량을 뽑아가며 고군분투했건만 나는 단 한 단의 계단조차 오르지 못한 거였다.

이젠 학교에서의 민망한 듯한 시선과 주변인들의 비아냥거림이 더 이상 의식되지 않았다. 주변을 의식하고 돌아볼 여유조차 없었기 때문이다. 그보단 분명 열심히 하면 될 수 있을 거란 나의 굳은 믿음과 확신과 자신감에 균열이 생겼다. '뭐가 잘못됐을까, 뭘 고쳐야 할까' 보다는 '내가 과연 될 수 있을까'라는 막연한 불안감이 나를 조여 왔고 몹시 초조해졌다.

때맞춰 울리는 휴대폰의 거센 진동, 아빠로부터 전화가 걸려왔다.

차마 받을 수 없었다. 분명 이번엔 합격일 거라며 호언장담했었는데, 뭐라 말해야 할까. 부모님은 항상 나를 믿어주셨다. 그랬기에 궁금하고 초조할지언정, 내가 먼저 전화하고 소식을 전할 때까지 항상 믿고 기다려주었다. 그런데 이번엔 좀 달랐다. 먼저 전화를 걸고, 내가 받지 않자 문자 한 통이 와 있었다.

'딸, 미안한데 지금 좀 급하니 전화 받으렴.'

내 합격과 연관된 일은 아니었다. 혹시 택시 사고라도 난 건가. 의아함에 걸었던 전화 너머로 아빠의 목소리는 많이 거칠고 힘이 들어 보였다.

"응. 아빠 무슨 일이에요?"
"바쁠 텐데 미안하다. 세진아. 엄마가 좀 아픈 것 같아. 아니 좀 많이 아파."

●

고군분투 3막:
백수

현실 따위에 굴복하다

'엎친 데 덮친 격이다.'

　이런 표현은 교과서에서, 혹은 언어영역에서나 배웠었다. 이런 국어스러운 표현에 격한 공감을 표할 날이 오다니. 내 인생은 평범하고 안정된 삶을 살아나가기에는 꽤 '다이나믹'한 편이다. 피나는 노력의 보답이 불합격으로 탈탈 털린 날, 그마저도 모자라 엄마가 아프다니. 아빠는 강남 세브란스 병원으로 날 호출했다. 순간 주마등처럼 최근 좋지 않은 표정의 아빠와 안색이 나빴던 엄마가 머릿속을 스쳐 지나갔다. 인천공항으로 마중 나오던 날에도 아빠의 표정은 단지 중국의 향이라든가 기름기가 좔좔 흘렀던 내 촌티 나는 얼굴을 보고 안 좋았던 것이 아니었다. 그동안 그저 피로감과 스트레스 때문에 그런 줄로만 알았다. 나는 내 취업, 내 목표, 내 인생만 생각하느라 부모님을 살필 겨를도 없었던 거였다.

내가 무슨 캔디나 금잔디도 아니고, 이런 드라마에서나 막장 컨셉으로 벌어질 법한 일이 벌어지다니. 우선 불행인지 다행인지 탈락에 대한 충격과 불안감은 씻은 듯이 사라졌다. **내가 세상 가장 불행한 사람이라고 자책하며 좌절한 순간, 이런 나약함을 비웃기라도 하듯 더 큰 불행에 잠식당한 이 시점에, 나는 생각보다 태연해졌다.** 불구덩이처럼 뜨겁고 열이 나던 조금 전과는 다르게 순식간에 차갑게 식어버린 머릿속 덕분에 나는 침착했고, 또 태연했다.

연말을 맞이하는 금요일 밤의 사람들은 몹시 즐거워 보였고 설레 보였다. 강남 일대의 거리 곳곳에는 크리스마스의 여제 머라이어 캐리의 'All I want for christmas'가 울려 퍼졌고 식당가와 각종 매장마다 '메리크리스마스' 플래카드와 함께 산타, 루돌프 장식들로 가득했다. 퇴근 시간대와 겹쳐 도로는 네모진 차들로 미어터졌고 한 발자국도 움직일 기미가 보이지 않았다. 내가 아르바이트하는 스터디 카페는 마침 강남역에 위치해 있었다. 강남역에서부터 강남세브란스병원까지는 택시로 대략 10분. 아빠의 전화를 끊자마자 부랴부랴 사장님에게 전화를 걸어 상황을 설명한 후, 양해를 구하고 나와서는 급한 마음에 택시를 잡아탔으나 매섭게 올라가는 미터기의 택시요금과는 달리 차는 걷는 것보다 느릴 만큼 신호를 한 개도 지나치지 못하고 있었다. 내 수중에 돈은 없었고 똥줄만 타다 결국은 택시에서 내려야 했다.

때마침 흰 잔꽃 같은 눈송이가 한두 송이씩 떨어지다 눈발이 점차 굵어지고 있다. 우산을 갖고 있을 리 없었다. '눈이다.' 기뻐하는 사람들 틈 속으로 '아씨, 옷 젖겠네.' 나지막하게 읊조리는 내 목소리가 꽤 신경질적이다. 펑펑 쏟아지는 눈에 강아지처럼 기뻐하고 설레던 불과 1~2년 전의 내 모습과는 사뭇 다른 건조한 목소리다. 걷더라도 차라리 지하철을 이용하는 것이 좋겠다. 2호선 강남역에서 교대역으로 간 후 3호선으로 환승해서 도곡역에서 내린 후 도보로 10분 이상이다. 역시나 퇴근시간대에 눈까지 오는 터라 지하철 속 사람들은 발 디딜 틈 없이 미어터진다.

숨이 턱 막힐 듯 일명 '지옥철'에서 나와 세브란스 병원으로 걸어가는 길, 다행히 눈발은 더 이상 거세어지지는 않았지만, 발표 이후로 겨우 1시간 만에 나는 몇날 며칠 밤새 잠도 못 이룬 사람처럼 몹시 지쳤다. 좀 쉬었다가 가고 싶었다. 사실은 병원에 빨리 가고 싶지 않았다. 또 무슨 불행한 소식이 나를 기다릴는지.

꾸역꾸역 걸어온 병원 정문 앞에서 아빠가 굳은 표정으로 날 기다리고 있었다.

"오는 길에 많이 추웠지?"

얼어붙은 내 손을 따뜻하게 감싸 쥐며 억지로 웃어 보이는 아빠의 미간 사이로 '내천 자' 주름살이 보기 싫게 깊게 패여 있었다. 불행인지 다행인지 내 합격과 불합격 여부는 묻지 않았고, 딱히 관심도 없어 보였다. 어쩌면 관심 없는 척하며 날 배려하는 것일지 모르겠다. 한참을 망설이다. 아빠의 무거운 입이 열렸다.

"엄마가 좀 아파."
"어디가 아픈 건데? 암은 아니지?"
"유방암이래. 말기는 아니어서 수술하면 된대."
"그래. 그나마. 다행이다. 말기가 아니라서."
"그래. 나을 수 있는 거니까. 미안해 딸."

슬픈 예감은 틀리는 법이 없다. 전화기 너머의 아빠 괴로운 목소리는 분명 '암'을 예상케 했다. 그래도 내가 예상했던 최악의 상황은 아니었다. 말기 암은 아니었다. 그리고 유방암은 4~50대 여성들에게 발병률이 높은 흔한 암으로 수술만 하면 완치가 가능하다고도 했다.
엄마는 왼쪽 가슴 절반은 퍼진 암 덩어리가 더 이상 전이되기 전에 제거해야 했고 왼쪽 가슴을 절제해야만 했다. 지속적인 스트레스와 더불어 6개월마다 한 번씩 가야 했던 병원 검진을 비용과 일 핑계로 인해 가지 못한 대가치고는 너무도 가혹했다. 그리고 병원비는 생각보다 많이 비쌌다. 물론 다행히도 아빠가 암보험을 들어놓은 덕분에 비용처리가 일정 부분은 되었지만 추가적으로 지불해야 하는 돈도 만만치 않았다. **건강이 가장 소중한 자산이라는 걸 가족 중 누군가가 아프면서 가장 많이 깨닫는다고 했다. 그리고 나는 그 소중한 깨달음을 겨우 스물한 살 때 얻어야 했다.**

이런 상황에서 나는 울며불며 슬퍼하고 좌절하기보다는 차분하게 다행이라고 말했다. 그리고 아빠는 그런 나에게 미안하다고 했다.

웬일인지 병원에 오기 전보다 기분이 나아졌다. 암은 분명 암이고 말기가 아닐지라도 재발할 수 있는 위험한 병이다. 게다가 엄마는 이제 일을 그만두고 되살아날 암세포를 걱정하며 평생이 될지 모르는 암 투병을 해야 한다. 이런 상황 속에서 다행이라니. **나는 그때 어렴풋이 인생은 내 마음대로 되는 것이 아님을, 내가 살아가는 세상은 내가 어쩔 수 없는, 생각보다 더 큰 소용돌이임을 느끼고 굴복했던 것 같다.** 그리고 아빠는 나에게 그런 큰 소용돌이 속에서 살아남아야 함을, 그 복잡한 삶의 무게를 그대로 짊어지게 해서 미안하다고 했던 것 같다.

현실의 무게를 감당하려면 Plan.B로

졸업을 앞둔, 겨울 방학이 시작되었다. 2년이라는 시간은 확실히 너무도 짧았다. 남들은 놀고먹는 4년이라는 젊은 시간과 두 배가 넘는 학자금이 아까워 나는 2년 안에 취업에 성공하리라 마음먹었던 당찬 포부가, 현실감각이 부족한 어린애의 거만함과 과욕으로 변질되는 순간이었다.

내 현실감 부족했던 목표는 지금 상태에선 실패였다. 하지만 나의 실패를 좀처럼 인정하고 싶지 않았다. 그저 고등학교 졸업 이후, 좋은 직장으로의 '취업' 한 가지 목표만 보고 달려왔던 나에게 주어진 간만의 휴식이라고 치부하며 스스로를 위로했다. 우선 아르바이트에 집중했다.

생각해보면 Plan.B라는 것이 필요했다. Plan.A가 실패했을 경우를 대비한 B 프로젝트. 나는 그동안 실패라는 걸 이렇게 연속적으로 경험해본 적이 없기에 준비해두지 못했다. 사실 내 기준에서는 말이 좋아 Plan.B지, 솔직히 도망가는 거나 다름없었기 때문이다.

하지만 지금 내 상황은 내가 마음먹은 목표를 위해 도망치지 않고 하염없이 꿈만 꾸며 다시 도전하기에는 무리가 있었다. 현실이라는 게 참 냉혹한 이유는, 그동안 엄마가 고생하지 않았으면 했던 마음에 가끔 투정하듯 '그깟 돈 몇 푼 안 벌면 뭐 어때' 했었지만, 이제 와서 병실에 드러누워 있는 엄마를 보면서, 또 눈덩이처럼 불어나는 병원 고지서와 갑절이 불어난 생활비에 표정이 더 어두워진 아빠를 보면서, '그깟 돈 몇 푼'이 우리에게는 큰돈이라는 걸 알았기 때문이다.

나는 우선 돈을 벌어야 했다. 당장의 생활비에도 보탬이 되어야 할 뿐더러 졸업함과 동시에 당장 월 40만 원에 달하는 학자금 대출 원금도 상환해야 했다. 아르바이트로 충당할 수 있는 금액이 아니었다. **꿈을 꾸고 앞으로 달려가는 것은 학교를 다니는 '학생'시절에만 가능한 거였다. 졸업과 동시에 앞을 가로막는 냉혹한 현실의 벽을 받쳐내고 서야만 했다. 지금 나에겐 꿈도 사치였다.**

우선 내 낡은 노트북에 취업 전문 포털 사이트들을 전부 즐겨찾기 해두었다. 그리고 아르바이트를 하면서 짬이 날 때마다 내가 지원할 수 있는 회사와 직무들을 매일같이 훑어보았다. 지금까지는 오직 한국항공 한 곳만 바라보았기 때문에, 이렇게 많은 기업들이 있는지도 몰랐고, 또 이렇게 구인을 원하는 기업 중에 연봉과 복지가 열악한 곳이 대부분인 줄도 몰랐다. 확실히 항공사를 가는 편이 가장 좋았다.

불행 중 다행히도 나는 한국항공만을 목매어 왔을 뿐 아직 다른 항공사들은 지원조차 해본 적이 없었다. 한마디로 타 항공사의 승무원으로서 나의 가능성을 가늠해보지 않았던 거였기 때문에 아직 포기하긴 일렀다. 문제는 항공사 경기가 좋지 않아 타 항공사들 역시 채용이 잦지 않았고 많은 인원을 뽑지도 않았다.

지금은 1월. 언제까지고 채용만 기다리며 아르바이트를 할 수는 없었다. 지금 당장 돈이 급했고, 정규직 직원으로의 안정적인 일자리가 필요했다.

몇 주 동안 눈이 빠지도록 구인 구직 사이트를 살펴보고 뒤져가며 내가 일할 수 있는 마땅한 회사를 찾아보았으나 사실, 어떤 업무를 해야 하는 건지, 내가 할 수 있는 일인지, 연봉은 정확히 얼마인 건지, 연봉이 좋고 조건이 좋은 회사가 과연 나를 뽑아줄는지 도무지 감이 잡히질 않았다. 가장 큰 문제는 나의 조건과 스펙으로 갈 수 있는 회사 중 최대한의 연봉과 복지의 회사를 찾는 기준조차 모른다는 거였다. **나는 빠른 취업만을 목표로 세웠으나 오직 항공사에만 관련된 지식과 채용정보만을 캐내던 한우물만 파는 미련한 개구리였던 거다.**

그나마 지원 가능한 여러 채용 공고를 보면서 발견한 문제는 내가 2년제 전문학사라는 것이었다. 졸업을 앞둔 한국항공공업전문대학교는 항공사나 호텔 같은 서비스 쪽에서만 명문이라고 알아주었을 뿐, 일반 기업에서는 그저 2년제 전문학사에 불과했다. 그러니 일반 대기업은 감히 꿈도 꿀 수 없었고, 그나마 대기업 중 갈 수 있는 곳은 내 학력을 살릴 수 있는 서비스 계열의 호텔이나 여행사뿐이었다. 하지만 그곳들은 전부 연봉이 승무원의 절반밖에 안 되는 수준인데다 항공사만큼 복지도 좋지 않았다. 한마디로 나에게는 매력적인 요소

서른, 우리는 실패를 즐기기로 작정했다

가 단 한 가지도 없었던 것이다.

우선 내가 갖고 있는 자격요건 중, 일반 기업에서 선호할 만한 것들을 찾아보았다. 여름방학 내내 수영장에서 락스 물을 머금으며 겨우 따냈던 라이프가드 자격증. 그다지 연관성은 없어 보인다. 그리고 학교 실습 중 손바닥에 멍이 들어가며 취득한 심폐소생술 자격증. 역시 소용없어 보였다. 이력서 자격란에 한 줄, 관심받을 이야깃거리 하나라도 만들어내기 위해 강원도의 한 연수원에서 3일 동안 합숙하며 따낸 웃음치료사 자격증 역시 그다지 임펙트 있어 보이지는 않았다. 이런저런 쓸모없는 자격증을 떨궈 내고 나니 남는 건 영어 토익 성적, 그리고 중국어 성적뿐이었다. 그래도 무리하면서까지 고생고생하며 중국에까지 다녀온 것은 내가 2년간 한 일 중 그나마 가장 잘한 일이었다. 하지만 나는 통역을 할 만한 실력까지 되지는 않았기 때문에 지원 가능한 회사들은 대부분 무역회사나 판매업 혹은 가이드 일뿐이었다.

일단 등록해둔 내 이력서를 보고 간혹 연락 오는 기업이나 헤드헌터들은 모조리 식음료 서비스직 쪽이나 회사 경리, 백화점 판매업 혹은 계약직 비서 자리였다.

내 현실은 드라마 미생에 나오는 계약직 경리, 딱 이 정도인가. 아무도 없는 좁은 방구석에서 내가 일할 곳, 나의 직업을 기대나 조금의 열정도 없이 조건 맞는 곳이나 하나 걸리길 생각하며 구부정하게 벽에 기대앉아 끊임없이 클릭질만 해대는 현실이 비참했다. 어깨가 뻐근했다. 밖에 나가 산책이라도 하고 올까. 혼자 하는 밤 산책은 처량맞아 보일까 핸드폰을 열었지만 딱히 부를 사람도 없다.

　때마침 문자가 한 통이 와 있었다.

　'세진 학생. 혹시 지금 일하고 있어? 좋은 자리가 하나 났는데 생각 있음 연락 줘.'

　행정실장님의 문자 한 통에 잔뜩 팽창되어 어깨를 짓누르던 승모근이 조금은 느슨해진 가벼운 기분이었다. 중국 교환학생 지원 당시 잘 보이려 행정실을 오가며 음료 몇 잔 건넸던 인연이 이렇게 큰 힘이 될 줄이야. 날이 밝자마자 실장님께 전화를 걸었다.

　추천해주신 자리는 강남역 인근에 위치한 중견기업 규모의 무역회사였는데 이사장님의 비서자리였다. 우선은 계약직으로 들어가지만 1년이 지나면 평가에 따라 정직원으로 전환이 가능하다고 했다. 연봉은 2,500만 원 정도로 대략 월 200만 원 정도였다. 내가 해야 하는 업무는 전화를 받고 문서를 작성하고 이사장님의 개인 일정을 체크하는 것부터 조율하는 것. 특히 중국과의 교류가 잦은 회사였기에 간단한 중국어로 메일을 보내거나 전화를 받는 일까지 포함되었다. 엄밀히 말하면 컴퓨터 앞에 앉아있는 사무직에 가까웠다. 이미 채용

포털 사이트에서 갖가지 직종을 물색하고 또 연봉수준까지 꿰고 온 터라 조건이 나쁘지 않다는 것쯤은 알고 있었다. 물론 연봉 4천의 한국항공만을 꿈꾸었던 내가 만족하기에는 턱없이 부족했지만, **나는 점점 현실에 타협해가고 있었다. 다른 이들의 시선과 평가는 아무래도 중요하지 않았다.**

'면접 볼게요. 실장님. 그 자리에 저 추천해 주세요.'

'생각해보고 연락드리겠다.'라며 꽤 있어 보이는 척, 말하는 편을 선택하기에는 지금 그 자리조차 나에겐 아쉬웠다. 또 면접을 본다 해도 붙을 거라는 보장도 없었다.

plan.B 실행, 도망치는 것은 아니다

그 무렵 엄마는 왼쪽 가슴의 절제술을 받고 경과를 지켜보며 입원해있었다. 50평생 일만 하다 오랜만에 찾아온 휴식을 엄마는 꽤나 어색해했다. 자꾸만 퇴원하고 싶다고 말하는 엄마의 말동무가 되어주고 간병인 역할을 대신해야 했기에 나는 병원에서 지냈다.
행정실장님께 내 이력서와 자기소개서를 보내놓고는 면접을 보러

오라는 연락만 기다리며 엄마의 병실과 아르바이트하던 스터디 카페만을 전전했다. 혹시 몰라 연봉에만 맞춰 여기저기 지원해놓은 곳에서 연락이 오고 면접을 보기도 했지만 당장 출근하라는 곳들은 성형외과 코디네이터 자리나 작은 회사의 사무업무 자리였다. 압구정 인근의 꽤나 큰 성형외과의 코디네이터 자리는 인센티브제로 생각보다 돈을 많이 벌 수 있다는 말에 조금은 마음이 흔들렸지만 나에게는 안정된 '직장'의 개념은 아니었기에 마지막 남은 자존심을 세우고자 고사했다. 하루에도 몇 번씩 모르는 번호, 특히 앞자리가 02로 시작되는 번호의 전화가 울리면 큼큼 목소리를 가다듬으며 떨리는 마음으로 받곤 했다. 열에 아홉은 광고 전화였지만, 이력서를 내고 3주 후, 연락 기다리는 걸 잊을 만할 때쯤, 기다리던 회사에서 면접 보라는 연락이 왔다.

행정실장님은 나 말고도 두어 명 정도를 더 추천해주었다고 한다. 두 명은 나보다 먼저 면접을 보았지만 이사장님의 마음에 들지 않아 내 차례까지 온 거랬다. 그래서 면접까지 2주나 걸렸던 것이었다. 실장님께 드는 배신감보다는 그래도 이렇게 내 차례까지 왔다는 것이 감사하고 다행이었다.

내가 갖고 있던 면접 복장은 흰 블라우스에 검정치마, 검정 재킷. 학교 유니폼 한 벌뿐이었다. 2년간 입어왔기에 엉덩이 부분이 반질거리며 광이 도는 치마들 중 그나마 덜 입은 한 벌을 깨끗하게 다리고 페브리즈까지 뿌려 깔끔하게 갖춰 입었다. 헤어는 더 이상 승무원

면접이 아니었기에 깔끔한 포니테일로 묶었고 화장도 연하게 단정한 느낌을 연출했다.

면접을 볼 회사는 중견기업 규모의 무역회사라 했지만 사무실은 건물 한 채가 아니라 한 건물에 3, 4층만을 쓰는 듯 보였다. 그렇지만 그래도 꽤 신축건물이었고 깨끗한 화장실이나 엘리베이터 모든 것이 갖춰져 있었다. 그저 워밍업 겸 면접만 볼 요량으로 방문했던 몇 군데의 중소기업들은 무너져 가는 건물에 지린내가 나는 화장실, 엘리베이터도 없어서 구두를 신고 찌든 계단을 올라야 했던 수고에 비하면 지상 낙원이었다. 사무실 문을 두드리자 빨간 안경테에 꽤 예민해 보이는 여자가 문을 열어주었다. 고갯짓으로 건너편 방을 가리키며 저쪽으로 가있으라고 했다.

생각보다 꽤 긴장이 되었다. 간만에 마주한 안락한 시설에 항공사 이후로 처음으로 이곳에서는 일해보고 싶다는 작은 기대감과 욕심이 생겼었나 보다. 따뜻한 녹차를 받아들고 편한 분위기에서 면접이 시작되었다. 나는 긴장감에 녹차는 마셔볼 새 없이, 꼿꼿하게 허리를 곧추세우고 손은 모아서 힘주어 붙인 무릎에 올린 채 미소 짓고 있었는데 인사과 부장으로 보이는 면접관은 나의 순진한 모습이 좋아 보였던 것 같다.

"긴장 푸세요. 인상이 참 좋네요. 중국어 실력은 어느 정도 되나 요?"

이미 숱하게 받았던 질문이었다. 면접을 보러오기 전 회사의 특징과 내가 하게 될 업무에 대해 미리 공부해두었기에 어렵지 않게 답할 수 있었다.

"네. 중국에서 6개월간 교환학생을 다녀왔기에 일상생활을 하는 데 문제가 없을 뿐 아니라, 중국인 바이어들과 중국어로 대화를 하거나 문서 작성하는 데에도 자신 있습니다."

말인즉슨, '난 너희 회사에서 무리 없이 일할 만큼은 중국어를 잘해'라는 뜻을 정중하게 풀어낸 말이다. **더 이상 꾸며내고 있어 보이는 듯 번지르르한 답변은 하고 싶지 않았다. 나는 이 회사에서 이 업무만큼은 정말 해낼 자신이 있었고 또 간절했기 때문에 이런 나의 진심을 있는 그대로 드러내고 싶었다.**

"아마 무역업 쪽은 처음이라서 어려운 용어들도 꽤 많을 테고, 엑셀이나 워드 같은 컴퓨터 능력도 필요한데 할 수 있겠나요?"
"네, 사실 지금은 제가 이제 막 학교를 졸업해서 아직 다 알지는 못합니다. 그렇지만 저는 중국에서도 6개월 만에 중국어 5급을 취득한 만큼 습득력 하나는 정말 좋습니다. 그래서 입사하게 된다면 빠르게 배워서 무역용어나 엑셀, 워드 같은 컴퓨터 능력도 정말 열심히 배우겠습니다.'

찰나, 면접관의 입가에 흐릿하게 미소가 스쳤다. **이런 게 바로 면접관의 관심이자 호감 표현이라는 걸, 단박에 알 수 있었다.** 이걸 이제야 알다니.

면접이 끝난 후, 빨간 안경테의 그녀로부터 합격을 한 사람에 한해 오늘이나 내일 중으로 연락이 갈 것이라는 공지를 받아들고 병원으로 향했다. 오늘 안에 분명 연락이 올 것이다. 원인 모를 명확한 자신감과 개운한 기분에 오랜만에 구두를 신어 퉁퉁 부은 발걸음조차 가볍다. 오늘은 병실에 화병을 놓아야겠다고 생각하며 무리해서 작은 화병과 노란 튤립 5송이에 안개꽃을 샀다. 합격 소식과 함께 전한다면 엄마가 분명히 좋아할 것이다.

병원에 도착하기도 전에 문자가 왔다.

'세진 씨 축하합니다. 1차 면접에 통과하셨습니다. 다음 주 화요일 2시 이사장님과의 최종면접 일정이 있습니다.'

전략적 보류, 다시 앞으로

처음 마주한 이사장님은 60대 정도로 나이 지긋한, 딱 '이사장'이라는 직함이 잘 어울리는 중후한 분위기의 중년 신사였다. 처음 '안녕하세요.' 인사와 함께 면접용 미소를 띤 내 얼굴을 보자마자 그분은 승무원보다도 더 환한 미소를 보여주었다. 사무실에선지 그에게서 나는 것인지 알 수 없는 은은한 수국 향은 머리를 맑게 해 주었고 마음까지 편하게 만들어주었다.

나는 몇 마디 나누지 않고도 그 분이 좋은 사람이라는 것을 알 수 있었다. 그 역시 마찬가지였을까. 안락한 소파에 앉은 지 5분도 채 되지 않아서 나는 그분의 비서로 일을 시작하게 되었다. 말의 내용이 사람의 이미지를 결정짓는데 아주 크지 않다는 것을 알게 된 순간이었다. **첫인상은 눈빛과 얼굴 표정, 그리고 상대방을 향해 보이는 태도로 결정된다. 특히나 면접에서 호감을 주는 첫인상은 자신감과 열정, 패기보다는 함께 일하고 싶은 동료로서의 편안함과 겸손함이었다.**

이 회사는 가전제품의 부품을 국내 생산하여 수출을 주 목적으로 하는 무역회사였는데, 주 고객층은 중국의 바이어들이었다. 나는 이사장님의 비서로 책상을 잡고 앉았으나 바쁠 때에는 생산에 관련된 사무 업무도 도와야 했다. 사무실에서 나와 함께 일하는 이사장님

밑의 팀은 여섯 명 가량 되었고 전체 직원의 인원은 공장 인부들까지 포함하여 50명 정도의 규모였다.

처음 사원증을 받았을 땐 이름모를 소속감과 감사함마저 느껴졌다. 이사장실 옆에 작은 책상과 함께 내 자리도 생겼다. 아르바이트를 할 때와는 다르게 다들 나에게 '세진 씨'라며 존칭을 써주었다. 회사의 구성원으로서 책상을 차지했고 그에 따른 내 몫을 하면서, 더 이상 학생이 아닌 사회인으로서 존중을 받는 기분이었다.

그러나 문제가 하나 있었다. 컴퓨터 앞에 있는 시간이 많다 보니 인터넷에 노출될 수밖에 없다는 거였다. '전현차'라는 유명한 카페가 하나 있다. '전직, 현직, 차기 승무원'의 앞 글자를 따 줄인 말로 승무원을 준비하는 이들의 꽤 큰 정보공유 카페였다. 정보공유이니만큼 합격생이나 현직들보다는 승무원을 처음 준비하는 사람들부터 몇 년간 탈락하며 계속해서 준비하는 사람들, 그리고 현실에 굴복하여 되는 대로 취직을 한 이후 미련을 버리지 못하는 사람들의 글과 수다로 가득 찼다.

사실 나 역시 미련을 버렸다고 하기엔 단 두 번의 도전이었다. 회사에 처음 입사할 때에도 승무원을 완전히 포기했다기보다는 시기상으로 더 이상 채용을 기다리기만 할 수는 없었기에 등 떠밀듯 급하게 취업을 선택한 거였다. 물론 내 의지가 없던 것은 아니었지만, 급하게 조건에 맞춘 취업에 목매느라 시간을 버릴 때, 계속 더 도전했다면 아마 합격하지 않았을까 하는 비겁한 마음이 고개를 들면서 그 당시의 선택은 점점 피해의식으로 변질되어 갔다. 우선 엄마의 병세가 점차 호전되고 집으로 옮기면서 나는 더 이상 병간호를 하지 않아도 되었고 병원비로 들어갔던 비용도 줄어들면서 생활의 여유도 조금씩 생겼다.

그때 마침 한국항공 다음으로 큰 규모의 고려항공 채용이 1년 만에 시작되었다. 전현차 카페 게시판은 고려항공의 채용 소식으로 도배가 되었고, 나이 어린 지원자를 선호한다는 소식에 내 귀는 팔랑거렸다. 비록 졸업은 이미 했으나 나에게는 아직 만료되지 않은 토익 성적과 자랑스러운 중국어 성적이 있었다. 업무를 하기 위한 중국어를 계속해서 써왔기에 실력은 이전보다 확실히 늘어 있었다.

어느새 나는 동료들 몰래 이력서를 작성하고 있었다. 모두가 점심을 먹으러 간 시간, 다이어트를 핑계 대며 자기소개서에 공들였고, 사무실 컴퓨터로 이전 학교의 졸업증명서와 성적증명서를 컬러 출력했다.

이렇게 몰래몰래 배신자의 시나리오를 기획하는 중에 죄송스럽게도 이사장님은 나를 정말 딸처럼 예뻐해 주셨다. 아들만 세 명에 딸이 없다는 이유로 중국 출장을 다녀오실 때마다 조금 올드해 보이기는 했지만 고급 화장품 브랜드로 립스틱이나 향수를 사주시기도 했고(물론 이런 선물들은 모두 어머니께 직행했다.) 야근이 있는 날이면 저녁 잘 챙겨먹으라며 근처 일식집에서 초밥을 포장해와 챙겨주시기도 했다.

서른, 우리는 실패를 즐기기로 작정했다

하지만 이러한 감사함과 안정감 때문에 이 회사에 안주하기에는 내가 하고 싶은 일은 예전부터 너무 굳게 정해져 있었다. 사무직도 물론 수월했다. 가끔씩 쏟아지는 문서업무나 간혹 하는 야근쯤이야 별 문제는 없었다. 이사장님의 스케줄을 체크하고 조율하고, 중국인 바이어들과 통화를 하고 원래 꼼꼼한 내 성격상 금방 해낼 수 있었다.

하지만 나는 전공도 그쪽이었을 뿐 아니라, 아주 오래전부터 승무원을 꿈꾸어 왔고 내가 할 수 있는 직업 중 가장 높은 위치가 바로 승무원이었다. 사실은 내가 목표로 한 것은 지금껏 한 번도 못 이룬 것이 없었기에 남는 미련일지도 몰랐다. 하지만 그런 건 별로 중요하지 않았다.

한동안 힘겹게 현실을 버티고 붙들고 난 후, 일어서자마자 질주 본능을 가진 나에게는 달려가야 할 앞부터 보였다. 한국항공에 대한 미련은 일찌감치 버렸다. 이제는 승무원이기만 하면 아무래도 상관이 없었다. 지금 상황에서는 고려항공도 감지덕지였다.

고군분투 4막:
백수는 면한
취준생

인정받는 사람이 되는 법 1
: 대의를 위하여

예상처럼 당연히 서류는 합격했다. 이로써 세 번째 도전인 것이다. 문제는 면접 날짜였다. 수요일 오후 3시. 오전도 아니고 늦은 오후도 아닌, 딱 가운데 중간에 낀 애매한 시간. 메이크업을 따로 받지 않는다 해도, 가고 오는 데 소요되는 시간만 편도 1시간 30분이다.

면접 전 1시간 전에는 도착해 있는 것이 기본 상식이기에, 나는 반차를 내야 했다. 입사한 지 겨우 3개월. 수습기간만 마친 상태에서 사실상 반차를 내는 것은 여간 눈치가 보이는 일이 아니었다. 더군다

서른, 우리는 실패를 즐기기로 작정했다

나 평소 건강하기 때문에 아프다는 핑계를 대는 것도 어려웠다. 아침이라면 어떻게든 꾀병을 연기할 자신이 있었으나, 점심 이후 반차라니, 미리 말을 할까 했지만 그러기에는 수요일 오후 반차를 낼 핑계거리가 애매하다.

엄마의 병세악화라고 거짓말 해볼까 생각도 해보았지만 덜컥 부정탈까 겁이 났다. 신들린 연기가 필요했다. 아침부터 속이 안 좋다고 하면서 밑밥을 깐 다음 점심식사 이후 식은땀도 좀 흘리고 입술이 새파래지면 다들 병원엘 가라고 등 떠밀지 않을까. 나름대로 변수가 생기지 않을 완벽한 시나리오를 구상했다.

죄송하지만 어쩔 수 없다. 대의를 위한 것이니까.

드디어 디데이. 수요일이었다. 아침 댓바람부터 속이 안 좋다며 배를 부여잡고 있으려니 그동안 해보지도 않았던 꾀병 연기가 쉽지만은 않았다. 오늘을 위해 나는 양심상 주말에도 출근해서 할 일들은 미리 처리해 놓은 상태였기에 딱히 할 일도 없었다. 아픈 표정으로 립스틱도 지운 채, 오전 내내 책상에 엎드려 있으려니 다들 안쓰러운 표정으로 약은 먹었냐, 괜찮냐며 걱정하는 분위기라 내심 성공했다 싶었으나 양심이 찔려 마냥 좋지만은 않았다. 심지어 이사장님께서는 나를 물끄러미 보시더니 오전에 잠깐 나갈 일이 있다면서 아무런 얘기 없이 휘적휘적 나가시더니 얼마 안 지나 들어오실 땐 양손에 약봉지와 죽이 들려 있었다.

"힘들면 병원엘 가. 점심시간엔 사람 많으니까 점심 지나고 1시쯤 나가서 병원 갔다가 집으로 가서 쉬어."

　내 예상 시나리오와는 달리 이사장님뿐 아니라, 모두들 수습이 갓 지난 신입이 쓰는 반차에 대해서는 어떠한 불평이나 왈가왈부도 없었고, 나는 점심식사도 전에 등 떠밀리듯 사무실을 나섰다. 죄송스러운 마음에 이젠 아픈 척이 아니라 정말 속이 좋지 않아졌다. 하지만 나에게 이렇게까지 양심을 내건 원맨쇼를 하게 만든 고려항공의 면접에 우선은 집중해야 했고 냉정함을 유지할 필요가 있었다. 지금 나에게 사사로운 개인감정은 사치였다.

　면접은 3시였고 나는 생각보다 여유 있게 나온 터라 12시에 김포 공항에 도착했다. 점심은 먹어야겠기에 이사장님께서 주신 전복죽도 씩씩하게 흡입했고(속이 안 좋아졌다는 건 그때뿐이었다.) 화장실 한 칸을 아예 차지하고는 공들여 메이크업을 했고 아쉬운 대로 살짝 구겨진 면접복장도 입었다. 졸업 이후, 오랜만에 스프레이로 범벅한 쪽머리도 만들어보고 구두에는 광도 냈다. **마음 한 켠이 편할 리 없었지만 이럴 때일수록 독하게 마음먹어야 뭐라도 이루어낸다 다잡으며** 고려항공의 면접장으로 향했다.

　이제는 지겨워질 법도 한 익숙한 면접장이었다. 고려항공은 한국항공과는 달리 굉장히 편한 분위기에서 면접이 진행된다. 고려항공의 경우는 서류에서 60퍼센트를 걸러내기에 한국항공과 같이 북적이는 분위기도 아니었고, 면접장은 꽤 한산했다. 면접 진행요원부터 키를 재는 신체검사 직원들까지 하나같이 여유로웠기에 승무원보다 더한 미소를 짓고 있었다.

대기실에서 순서를 기다릴 무렵 갑자기 묵직한 진동소리에 모두가 아직도 핸드폰을 안 껐냐는 따가운 시선으로 날 쳐다본다.

'세진 씨, 몸은 괜찮아? 다들 걱정이 많네.'

이밖에도 안부를 묻는 문자가 몇 통 더 와 있었다. 마음이 몹시 무거웠다. 아프다는 거짓말로 모두에게 걱정을 끼친 것이 영 마음에 걸렸지만, 다른 핑계거리가 없었다. 우선은 내 갈 길을 가야 했기에 맘을 독하게 먹고 회사 생각은 잠시 접어두었다. 이윽고 우리 조가 면접장에 들어갈 순서가 되었고, 이전의 한국항공의 면접장에서와는 달리 긴장감보다는 한 곳에 집중할 정신이 분산되어 있었다. 면접을 마치고 다시 회사를 가야 하는 건지, 혹시나 이사장님 스케줄에 대해 보고하지 않은 것은 없는지, 마음 무겁게 신경 써야 할 것들이 많았고, 덕분에 정신이 없었기 때문이다.

순서도 찾지 못하고 허둥대는 내 모습에 나와 같이 면접을 볼 지원자들은 다들 불편한 기색을 보였다. 주변 경쟁자들을 훑어보며 외모 스펙 등을 따져가던 어느 때의 나와 같은 경계심 어린 모습을 보이는 지원자들뿐 아니라 키가 크고 정말 헉 소리 나게 예쁜 지원자들도 심지어 내 양옆에 있었지만 아무래도 상관이 없었다. 빨리 면접을 끝내고 가야 할 것 같은 불안감이 긴장감이나 경쟁심리를 잠식시켰기 때문이다.

일곱 명의 지원자들을 놓고 면접은 5분 가량 정말 짧게 진행되었다. 면접관들은 유독 다리를 쳐다보았고 비율을 체크하는 듯 보였다. 특히 내 오른쪽에 있던 한가인을 닮은 지원자를 뚫어지게 쳐다보는 면접관들을 보며 나는 정신이 멍해졌던 것 같다. 나는 이 자리에 왜 온 것일까. 거짓말과 더불어 아침부터 신들린 연기에 굳이 무리해 가면서 온 자리치고는 너무 들러리라는 생각에 어느새 환하게 머금고 있던 미소가 점차 사라져갔다. 그리고 신기한 건 꼭 이럴 때 면접관과 눈이 마주친다. 그 순간을 놓치지 않은 면접관은 안경을 고쳐 쓰며 모니터로 시선을 곧바로 옮기고는 타닥타닥. 분명 좋지 않은 코멘트가 확실했다.

자기소개 몇 줄을 제외하고는 다른 지원자들을 받쳐주는 병풍 노릇을 톡톡히 한 면접을 뒤로하고 면접장을 나오면서 웬일인지 이 상황에서 그다지 붙고 싶다는 간절함보다는 순서도 찾지 못할 만큼 정신이 없었다는 사실에 나는 몹시 혼란스러웠다. **분명 죄책감 때문이었다.**

인정받는 사람이 되는 법 2
: 솔직의 미학

나는 현재의 회사생활에 안정감을 느끼고 있기는 하나 만족감을 느끼지는 못했다. 비단 연봉 때문만이 아니라, 매일같이 똑같은 장소에서 쳇바퀴처럼 사무실 책상에 앉아 컴퓨터를 노려보고 점심시간을 기다리고 퇴근시간을 손꼽는 무료함이 싫었다. 사회생활을 하는 직장인들 중 누구든 그렇지 않겠느냐마는 이왕이면 일을 하면서 살아있음을 느끼고 보람을 느끼는 일을 하고 싶었다.

그게 승무원일 것이라는 보장은 없지만, 내가 승무원을 택한 이유는 비단 부모님께 효도하고 내가 항공전문학교를 졸업한 커리어를 살리기 위함이라던가, 고액연봉 때문만은 아니었다. 지금 직장에서도 차곡차곡 월급을 모으고 열심히만 일한다면 연봉은 오르기 마련이었다. 하지만 내가 원하는 것은 단순히 안정적으로 월급만 차곡차곡 쌓일 직장이 아니었다.

내가 2년이라는 시간 동안 공부한 바로 승무원이라는 직업 특성상 하루에도 몇백 명의 새로운 승객들을 만나며 편안하게 다가가야 할 친화력과 사람들의 시선에도 결코 움츠러들지 않는 자신감과 힘든 비행에도 지치지 않는 밝고 건강한 에너지가 필요했다. 또한 한 곳이 아니라 여러 나라를 다니며 일을 한다는 특수함 때문에 활동적이어야 했다. 나는 고등학교 때부터 주목받는 것 자체는 좋아했을뿐더러, 사람 만나기를 좋아했기에 중국과 같은 오지에서도 빠르게 적응했으며, 아르바이트를 할 때에도 단순 업무이긴 했지만 누군가에게 도움을 주고 나로 인해 좋아하는 손님들을 보며 뿌듯함을 느끼곤 했다. 고등학교 졸업 이후, 돈을 벌기 위해 2년 동안 쉬지 않고 별별 아르바이트를 다 해보았지만 단 한 번도 스트레스를 받는다거나 무료함을 느낀 적은 없던 이유가 바로 내 성향 덕분이었다.

가령 2년 전, 은희와 함께 키즈 카페에서 청소를 하고 아이들을 돌보는 아르바이트를 할 때에도, 체력이 좋아 한 번도 힘들어 한 적은 없어도 늘 불평만 늘어놓던 그녀와 달리 나는 체력이 약해 골골대면서도 일 자체를 즐기면서 했었다.

승무원과는 전혀 연관성이 없는 한 작은 무역회사의 비서로 사무 업무를 하면서 나는 처음으로 내 스스로에 대한 평가를 하게 되었다. **나는 이제야 비로소 '적성'이라는 것을 찾은 거였다.** 그동안 나는 한국항공의 연봉과 복지와 한국항공의 네임 벨류로 내가 얻게 될 혜택들만 생각했지 적성에 대해 생각할 기회가 없었다. 그러니 당연히 떨어질 수밖에. 마찬가지로 이번 면접 역시 **간절함이라든가 진지함, 잘해내겠다는 의지보다는 뻔한 현실에서 벗어나기 위해 선택한 하나의 도피처였기에 집중할 수가 없던 것이었다. 면접관에게 전달할 진심이 없는데 누가 날 뽑아줄까. 당연한 결과였다.**

우선 나는 이런 마음상태로 회사에 출퇴근하며 영혼 없이 시간만 때우다 통장에 따박따박 찍히는 월급에 적당히 만족하며 살 수만은 없었다. 또 나를 믿어주고 걱정해주는 요즘 세상에는 찾기 쉽지 않은 회사 동료와 상사들에게 거짓말을 일삼으며 면접을 보러 다닐 수도 없는 노릇이었다.

일단 이 직장에 뿌리내릴 심산이 아니라면 조금은 솔직해지는 것도 한 방법이었다. 죄책감을 덜 수 있을 뿐 아니라, 내가 이직에 성공할 경우를 대비해 대체자를 물색할 여지를 줄 수 있기에 내 입장에서나 회사의 입장에서나 양쪽 다 좋은 방향이었다.

그렇다면 누구에게 솔직해지는 게 좋을까. 사실 동료들이나 선배들은 나와 같은 상황이기에 다른 곳으로 이직을 원한다는 속마음이 자칫 이질감을 느끼거나 질투 혹은 오해와 편견이 생길 수도 있었다. 그렇다면 온전히 내 입장을 이해해주면서도 또 다른 꿈을 응원해줄 수 있는 여유 있는 분은, 바로 이사장님뿐이었다. 어쩌면 딸처럼 나를 예뻐해 주시고 배려해 주셨기 때문에 솔직한 내 모습을 오히려 이해해 주시리라.

"그런 거라면 처음부터 솔직히 말했어야지."

역시나 이사장님의 표정이 굳었다. 처음 말을 꺼내기가 무서웠다. 하지만 이왕 솔직하게 말하기로 결심했기에 꾀병 사건부터 면접을 망친 일까지, 그리고 나의 집안사정을 비롯해 승무원을 향한 꿈까지 전부 솔직하게 털어놓았다. 물론 이 회사에 오래 다니지는 않을 것 같다는 되바라진 말까지. 대체 무슨 정신으로 그렇게 모조리 털어놓았는지 모르겠다. 이렇게 다른 이에게 모든 걸 허심탄회하게 털어놓은 적은 정말 처음이었다. 심지어는 부모님께도 털어놓은 적이 없었다.

"우선 학교부터 다시 가. 그건 예전부터 말하려고 했어. 요즘 같은 사회에서 월급다운 월급 받고 제대로 된 대접받으려면 2년제는 힘들어. 4년제로 편입해. 야간이든 사이버든 졸업장은 따두는 게 좋아. 그게 승무원이든 뭐든 꼭 필요하니까 내 말 들어.

학비? 학비는 우선 내가 빌려줄 테니 천천히 갚아. 학자금 대출도 이자니 뭐니 은근히 비싸더만. 회사에서 주는 장학금 같은 거라고 생각해. 그리고 중국어 공부도 계속하고. 앞으로 중국이 계속 뜰 거라 중국어가 능력인 세상이야.

자네는 앉아있는 거보단 승무원 잘할 거야. 나도 출장 다니면서 비행기 많이 타봤지만 스튜어디스들은 다 자네 같은 표정이야. 이제부터 면접 보러 갈 때는 그냥 솔직하게 미리 말하고 가. 승무원이든 뭐든 하고 싶은 걸 하면서 살아야지. 잘 생각했어. 승무원이 되든 안 되든 일단 지금은 노력할 때야."

이 사장님의 입에서는 전혀 생각지도 못했던 제안들이 우수수 떨어졌다. **역시 사람은 솔직하고 볼 일이다. 내가 생각했던 이상의 감**

사함과 행운과 혜택이 쏟아져 내렸다. 학교 편입에 대해서는 전혀 생각해 본 적도 없었다. 나에게 있어 학교는 학자금을 내는 곳 그 이상도 그 이하도 아니었기에 4년제를 나와 학사 대접을 받아야겠다는 생각조차 해본 적이 없었다.(덕분에 나는 우선 '편입'이라는 확실한 노선표를 짤 수 있었다.)

그리고 그 무엇보다 가장 감사했던 것은 학비를 빌려준다는 제안보다는(물론 기쁘고 든든했다.) 내 고해성사를 듣자마자 '잘 생각했다'는 첫 마디와 **'되든 안 되든 일단 지금은 노력할 때야'**라는 마지막 말이었다. 사실 입사한 지 4개월 만에 다른 직장을 생각한다는 어찌 보면 괘씸한 고백에 응원의 말뿐 아니라 든든한 지원까지 약속한다는 것은 온전히, 오로지 나의 입장에서 배려해주셨기에 가능한 조언이었다. 그리고 결과에 상관없이 지금은 노력할 때라는 묵직한 한마디는 지금의 내 이기심을 합리화할 수 있는 가장 좋은 위로였다.

나는 그 길로 내 성적과 커리어로 2학기에 편입할 수 있는 모든 학교들은 다 알아보았다. 이사장님의 말씀대로만 한다면 승무원이든 뭐든 할 수 있을 것 같았다. 부모님보다 더 든든한 지원군이 생긴 기분이었다. 정말이지 대단한 빽이 생긴 것처럼 든든했다.

세진의 이야기: 7전 8기

도전에 임하는 자세
: 현재에 충실하라

나는 2008년도 2학기에 방송통신대학교 중국어학과로 편입하게 되었다. 생각보다 학비는 비싸지 않았고, 나는 첫 학기만 이사장님께 도움을 받기로 했다. 그 이상은 양심상 부탁할 수가 없었기에 학교를 다니기로 한 이후부터 좋아하던 스타벅스의 카페라떼 대신 믹스커피를 즐기기 시작했다. 하지만 학비 대신이라고 생각하니 조금도 서글프지 않았다.

나는 꼭 이루어 내고 싶은 꿈이 있었고, 성공 여부에 대한 계산 없이 열심히 살고 있었기에 하루하루가 즐거웠고, 생기가 돌았다. 한동안은 좀 쑤시고 무료했던 회사 일도 즐거웠고, 이 사장님에 대한 존경심, 동료들과의 우정도 깊어졌다.

방통대는 인터넷으로 강의를 듣는 시스템이었기에 크게 무리가 되지 않았고, 오히려 회사에서 쓰는 무역 중국어와 더불어 계속해서 까먹었던 중국어 공부를 할 수 있었기에 원어민도 어려워한다는 hsk 6급에도 도전할 수 있게 되었다. 가끔 시험을 보러 갈 때마다 만나는 방통대 동기들은 대부분 나와 같은 직장인인데다 승진이나 이직을 위해 열심히 사는 분들이었기에 퇴근 후에 노곤한 몸을 이끌고 갔다가 오히려 에너지를 받아오곤 했다. 살면서 요즘처럼 보람찬 시간이 있었을까 싶은 나날들이었다.

물론 나는 회사, 집, 학교의 빡빡한 스케줄을 소화하면서도 한국 항공의 하반기 채용에 다시 한번 도전했다. **이제는 정말 지겨울 법도 한 '도전'이라는 것은, 무조건 성취해 내야 한다는 중압감보다는 주변인들의 지지를 받으며 꿈을 꾸기에 멋진 현재를 살아나가고 있는 우쭐함과 감사함으로 다가왔다.**

때마침 엄마의 병세가 다시 좋지 않아져 병원에 입원해야 했다. 또다시 병마와 싸울 생각에 금세 수척해진 엄마의 얼굴에 속상하고 걱정되기는 했으나, 절대 위축되지는 않았다. 나는 아픈 엄마와 힘든 아빠를 위한 든든한 지원군이 되어야 했기 때문이다. 투정을 부리고 현실을 비판해봤자 초라해지고 비참해지는 건 내 자신뿐이었다. 지금 생각해보면 처음 엄마의 암 판정을 받고 승무원이라는 꿈을 포기한 것은 어찌 보면, '나 힘들어, 이제 그만 할래' 투정부리며, 이제는 막나가버리겠다는 심보 내지는, 질풍노도 시기의 중2병 같은 거였는지도 모른다. 지금의 현실도 그때보다 사실 크게 나아진 것은 없었지만 **'꿈'에 대한 믿음과 확신, 그리고 그것을 위한 정직한 노력이 있었기에 그리 힘들지 않았다.**

가끔 월화드라마에 캔디 같은 여주인공이 나올 때마다 자연스레 깔리는 BGM '힘이 들 땐 하늘을 봐, 너는 항상 혼자가 아니야. 비가 와도 모진 바람 불어도 햇살은 다시 비추니까.' 이건 바로 내 테마음악이었다. 나는 지금 캔디의 시나리오에서 가장 모진 고난을 겪는 중이었다. 그리고 곧 나타날 왕자님을 기다리고 있었다.

　이번 면접으로 한국항공만 세 번째, 항공사 면접은 네 번째 그리고 여태껏 본 면접으로 치면 일곱, 여덟 번째였다. 지겹다는 생각은 들지 않았다. 오히려 감사했다. 아직 중국어 6급 성적이 나오지도 않았으나 서류에서 나와 같은 장수생을 뽑아준 것이 감사할 뿐이었다. 원래 세 번째부터는 이력서에 업그레이드된 무언가가 없다면 잘 뽑아주지도 않는다는 후문을 들었기 때문일까. 나는 면접에 임하는 자세부터 달라져 있었다.

　이번에는 당연히 이사장님께 알리고 면접을 보러 갔다. 물론 동료들도 이사장님과 모종의 이야기가 있었다는 것을 알고 자세히 묻지는 않았지만 어느 정도 눈치를 챈 분위기였다. 하지만 굳이 내가 말하기 전까지는 다들 모르는 척 해주었다. 붙고 나서 말해줘야지. 다짐하며 이번에는 당당하게 반차도 아닌 월차를 냈다.

　이번 면접만큼은 일단 달라지고 싶었다. 새로운 기분을 내고 싶은 마음에 꽤 비싼 돈을 주고 메이크업과 헤어를 받고(덕분에 변신에 성공했다.) 아침 일찍부터 김포공항에 도착해 커피도 마시고 따끈한 스콘도 함께 먹으며 간만에 호사를 누렸다. 그동안 학비를 위해 믹스커피에 익숙해져 있던 담백한 입에 테이크 아웃 커피의 카페인이 적셔지는 순간, 정신이 확 맑아지는 마치 각성되는 기분이다. 나는 꽤 여유롭게 한국항공의 면접장에 들어갔다. 물론 긴장은 되었지만, 부담이

되지는 않았다. 대기실에서는 같은 조의 지원자들과 시원하게 통성
명도 하고 몇 번째 지원인지 수다도 떨어가며 시간을 보냈다. 무언가
믿는 구석이 있달까. 누가 보면 면접관 혹은 한국항공의 임원들 중
아는 사람이 있을법한 여유 넘치는 태도였다.

　10분 가량의 면접이 끝났다. '잘 봤다'라는 느낌이 확 올 만한 면접
은 아니었다. 그러나 신기하게도 이전의 면접들과는 다르게 나는 면
접관들의 얼굴이 또렷이 기억났고 다른 지원자들의 답변내용도 전
부 기억났다. 심지어는 1번이 3행시로 센스 있는 자기소개를 할 때
고개를 끄덕이며 열심히 경청하던 내 모습을 비롯한 모든 순간이 또
렷했다.
　면접을 보던 순간의 모든 기억과 느낌은 발표가 나기 전까지 계속
해서 껌처럼 잘근잘근 곱씹기보다는 지금 이 자리에 묻어두고 더 이
상 생각하지 않는 편이 좋았다.

따끈한 탕수육을 랩만 벗기고 먹지는 못하다

　일주일은 빠르게 지났고 역시 발표날은 다가왔다. 붙어야 한다는
강박감은 없었다. 다만 붙기만 한다면 정말 기쁠 것 같았다.

마침 모처럼 야근이었다. 중국인 바이어와의 미팅이 다음 주 월요일 오전에 잡혀 있었기에 금요일 저녁을 반납해야 했다. 선택적으로 집중을 할 수 없어 발표날마다 고역이었던 나에게 있던 유일한 강박 중의 하나가 '일처리' 하나만큼은 똑 부러지게 해야 한다는 거였기에, 오히려 발표 확인에 대한 긴장감을 해소할 수 있었다.

모두가 퇴근을 하고 난 빈 사무실. 남은 일을 전부 마무리하고 가겠다고 우겨서 겨우 얻어낸 황금 같은 금요일 밤의 고요함이었다. 시간은 감사하게도 쏜살같이 흘러 9시를 가리켰고, 이미 결과는 나왔다. 한창 다른 곳에 집중했던 탓인지 그다지 떨리지 않았다. 무덤덤하게 채용 홈페이지에 들어가 '2008년도 하반기 한국항공 객실승무원 1차 면접 채용 결과 확인' 페이지 클릭. 아이디와 패스워드를 입력하곤 그대로 엔터.

'축하합니다. 김세진 님은 금번 하반기 객실 승무원 1차 면접에 합격하셨습니다. 다음 전형에 대해 안내해 드립니다. 일시…'

합격이었다. 합격해본 것은 처음이었다. '축하합니다'라는 문구가 정말 기분이 좋았지만 한편으로는 생소했다. 사실 면접이 끝남과 동시에 면접 당시의 느낌은 접어두기는 했으나 전혀 잘 봤다라거나 못 봤다는 느낌보다는 그저 편하게 얘기를 듣고 또 질문에 따른 답을 하고 온 면접이었기에 결과를 종잡을 수 없었다.

그런데 이렇게 갑작스럽게 받아든 합격 통지에 나는 오히려 뒤통수를 맞은 기분이었다. 그토록 간절하게 원하고, 매달리며 집착할 때와는 다르게 이번에는 채용에 대해서 굳이 카페나 홈페이지를 득달같이 뒤져보지도 않았고, 면접 기출질문이나 준비해 놓았던 답변 역시 다시 한번 훑어보지도 않았었다. 내가 그동안 배웠던 합격의 비법이나 노하우와는 아예 다른 시나리오였기에 혼란스러움이 더 컸다. 아직 한 번 더 남은 최종 면접은 어떤 방향으로 준비를 해야 하나. 또 다른 난관에 봉착한 기분이었다.

우선 2차까지 합격을 한 것은 아니었기에 부모님에게는 비밀로 해뒀다. 월차를 한 번 더 내야 했기에 이사장님께만 말씀드려 놓았다. 처음 면접에 임할 때와는 달리 조금은 묵직해진 기분이었다. **머릿속에는 온통 다시금 살살 고개를 드는 '이번만 잘 넘기면 완전한 합격이다. 목표 달성이다.'라는 달콤함이었다.** 맞다. 이번 면접만 잘 본다면 나는 비로소 고등학교 때부터의 꿈이 이루어지는 것이다. 그래 고려항공에 떨어지길 잘했다. 결국 이렇게 한국항공에 입사하게 될 거였는데 말이다.

2차 면접 당일. 메이크업도 예쁘게 받고 아침부터 일찍 일어나 임원대비 예상 기출문제를 살펴보았다. 1차 면접 때완 다르게 조금은 긴장이 되었기에 혹시 몰라 수능 때도 먹어본 적 없던 청심환도 두 개 사놓았다.

확실히 면접장에 들어서자 과연 1차에서 10대 1의 경쟁을 뚫고 붙을 만한 지원자들로 가득했다. 간혹, 아니 심심치 않게 보이던 키가 작거나 초라해 보이는 사람은 단 한 명도 없었다. 잘 웃는 건 정말 기본 옵션이었고, 늘씬한 키에 물론 메이크업 샵에서 전문가의 손길을 받았겠지만 피부는 하나같이 하얗고 예뻤다. 이런 사람들을 모두 물리치고 내가 합격해야 한다는 압박감이 다시 고개를 들자, 청심환을 한 알 먹었는데도 오히려 더 긴장이 되는 것 같았다.

임원진들은 이사장님과 비슷한 나이대가 지긋한 5~60대 할아버지를 가운데로 깐깐해 보이는 40-50대의 여성, 그리고 역시 안경을 쓴 40대 정도의 남자 2명으로 총 4명이었다. 지원자들은 5명. 거의 1대1면접 수준이었다. 유니폼을 입고 면접장에 들어서니 지금 입은 이 유니폼을 결코 벗고 싶지 않아졌다. 같이 나를 제외하고 면접장에 들어간 지원자 4명은 다행히 그리 예쁘지는 않았다. 심지어 키도 내가 제일 컸다. 해볼 만한 게임이었다. 지금 회사에 처음 입사할 때만해도 이사장님의 눈에 쏙 들만큼 나는 어르신들에게 신뢰를 주는 외모가 아닌가. 자신감을 갖고 환하게 임원의 눈을 맞추려 노력했다.

그러나 웬일인지 가운데 자리의 임원은 굉장히 지루한 표정으로 줄곧 눈을 감고 있었다. 명색이 면접인데 이렇게 무성의해도 되는 건가. **반감이 고개를 들었으나 감추어야 했다.** 드디어 내 자기소개 차례였다. 여자 면접관은 아까부터 나를 유심히 쳐다보고 있었다. 분명 관심의 표현이다.

입을 열고 자신 있게 소개를 시작하는 순간, 갑자기 조용한 면접장에 '지잉-' 가벼운 진동소리가 울렸다. 그것도 계속해서 1초당 3번씩 울리는 조잡한 진동이었다. 범인은 역시 가운데 자리의 임원.

잠깐 졸았는지 진동소리에 놀라서는 '여보세요' 전화를 받으며 면접장의 문을 열고 나갔다. 다른 면접관들도 적잖이 당황한 모양이었다.

"아 급한 일이 있으셔서요. 3번 분 계속해서 자기소개하세요."

내가 알기로 이 면접에서 가장 큰 결정권이 있는 사람은 바로 저 나이 많은 임원이었다. 아마 상무 정도의 위치였을 것이다. 나머지 사람들은 그저 인사과 사람들로 큰 결정권이 없었다. 왜 하필 내 차례에 저 휴대폰이 울렸고 면접장을 나가 버린 건지. 아무리 졸고 관심이 없다 해도 내 답변조차 듣지 않는다면 당연히 결과에는 좋지 않게 반영이 될 수밖에 없었다. **내가 마음에 들지 않았기에 저렇게 들어보지도 않고 나가 버린 걸까. 순간 머리를 스치는 오만가지의 생각에 표정관리가 힘들었다.** 좀 전에 고개를 들었던 반감이 표정에 드러나는 순간에 여성 면접관과 눈이 마주쳤고, 역시 그녀는 그 순간을 놓치지 않고 시선을 노트북으로 돌려 '타닥타닥' 키보드를 바삐 쳤다.

우선은 평정심을 유지해야 했다. 이 기회를 잡고 싶었다. 무슨 정신으로 답변을 마무리했는지 알 수는 없지만 억지로 쥐어짜낸 무척 떨리는 목소리였던 것은 기억이 난다. 거짓말처럼 내 답변이 딱 끝나자마자 그 임원은 통화를 마치고 '미안합니다.' 한마디와 함께 전혀 미안한 기색 없이 들어왔고, 딱 내 다음 사람의 답변부터 경청해서 들었다. 머릿속이 하얘졌다.

공통으로 자기소개가 끝나고 내 차례의 개별질문이 오기까지의 내 손에는 땀이 맺힌 정도가 아니라 줄줄 흘렀다. 여기서 전세역전을 해야만 붙을 수 있다.

"김세진 씨는 현재 직장에서 일을 하고 있는데 이번 채용에 합격한다면 바로 정리하고 입사할 수 있나요?

현실적인 질문이었다.

"네, 당연히 바로 입사 가능합니다. 저에게 가장 오고 싶었던 한국항공의 입사에 차질이 없게 바로 사직처리하고 올 수 있습니다."

"아, 그럼 그쪽 회사 입장에서는 세진 씨로 인해 좀 곤란한 것 아닌가요. 대체자도 찾아야 하고 인수인계도 할 텐데."

면접관들은 내 말이 끝나자마자 고개를 갸웃거렸고, 갑자기 별 관심 없어 보이던 임원이 재차 질문했다. 확실히 내가 맘에 들지 않는 건가.

"아. 이미 제가 면접을 보러 가는 것을 이사장님도 다 아시기 때문에 전혀 문제없을 것 같습니다. 또 저의 꿈을 응원해주시고 계십니다."

의아하다는 혹은 믿어지지 않는다는 표정의 면접관들의 마음을 돌리기엔 이미 늦어버린 것 같았다. 임원의 얼굴에는 '도무지 이해가 가지 않는다.'가 확연히 드러났다. 그의 표정을 살피며 이내 그놈의 '타닥타닥' 타자기 소리가 울렸다. 귀사에 차질 없이 입사할 수 있다는 것이 왜 문제일까. 나는 신입으로서 그리고 간절한 열정을 드러냈을 뿐이었다.

그렇게 찜찜한, 아니 확실히 망한 느낌의 면접이 끝났다. 중국집에서 큰 맘 먹고 시킨 따끈한 탕수육을 겉에 싸여있는 랩만 열심히 벗겨 놓고는 한입도 먹지 못한 기분이었다. 합격 직전까지 거의 다 올라왔는데. 허무했고 약이 올랐다. 나를 제외한 다른 4명의 표정은 얄밉게도 굉장히 개운했고, 심지어는 서로의 번호도 교환하며 화기애애했다. 나는 그들과 굳이 번호를 교환할 필요도, 하고 싶은 마음도 없었다. 당연히 들 리 없다. 혼자 쏜살같이 유니폼을 환복하고 나오면서, 유난히 날 좋은 가을 하늘 아래 내가 처량했다.

실패에 무뎌져야 한다
: 긍정의 자세

또다시 화면을 가득 채운 '죄송합니다' 문구. 지난번의 '축하합니다' 페이지는 나와는 이제 더 이상 인연이 없는 걸까. 아니면 단순히 운이 좋았던 걸까. 하지만 힘이 빠진다거나 실망하지는 않았다. 왜냐면 이미 면접이 끝남과 동시에 탈락을 예감했기 때문이었다. 항상 슬픈 예감은 틀린 적이 없다. '혹시나'는 '역시나'다. **문제는 내 탓을 할 것인가, 상황 탓을 할 것인가였다. 무엇 때문에 합격을 한 건지, 무엇 때문에 탈락을 한 건지 알 수 없었다. 정말 합격과 불합격은 종이 한 장 차이인 걸까.**

물론 어차피 이번 한 번만 도전하고 나가떨어질 생각은 없었다. 이미 네 번의 탈락을 경험하면서 나는 자존감이 떨어질 대로 떨어져 있었기에 더 이상 떨어질 자존심도 없었고, 포기할 생각은 더더군다나 없었다. 그리고 나름대로 그동안과는 다른 패턴의 성과도 있었다. 악명 높은 한국 항공 1차 면접의 경쟁률. 자그마치 10대 1의 경쟁에서 합격을 했다는 것은 그게 운이든 실력이든, **어쨌건 가능성이 제로는 아니라는 거다.**

아직은 학교도 다니고 있고 6급도 공부하는 상태로 노력하는 과정 중이라는 걸 감안해서 좋은 성과를 낸 건 사실이다. 하지만 언제까지고 노력과 도전이 공존할 수 있는 시간이 충분하지는 않았다. 계속해서 노력은 하고 있으나 물리적인, 그리고 현실적인 제약이 존재하고 있었다. 바로 지원횟수와 졸업 후, 시간이 갈수록 한 살 한 살 먹어가는 '나이'라는 제약이었다.

그렇다고 해서 조급해지면 역효과만 낼 뿐이다. **스스로를 계속해서 다잡고 긴박한 불안감 속, 여유를 채우는 마인드 컨트롤이 필요했다.** 누구든 원하는 목표에 대한 성공을 꿈꾸며 노력할 수는 있지만 중간에 지쳐 나가떨어지는 사람들은 사실 현실의 제약보다는 마인드 컨트롤을 하지 못하고 포기하는 케이스가 대부분이었다. 마치 1년 전의 나처럼 말이다.

같은 실수를 반복할 수는 없었다. 물론 무엇이든 마음먹기 나름이기에 긍정의 힘만 가진다면 뭐든 이룰 수 있다지만 말이 좋아 긍정의 힘이지. 긍정적인 생각을 갖출 수 있는 환경이 아니라면 가장 힘든 자세가 바로 긍정적인 자세다.

사실 지금 당장 먹고 살기 힘든 상황에 아무도 도와줄 사람이 없는, 꿈을 꾸는 것이 사치인 사람들의 현실 속에서 오직 긍정의 힘 하나만으로 꿈을 꾸는 것은 무리다. 혹자들은 실패를 거듭하고 성공한 사람들의 스토리, 예를 들어 오프라 윈프리나 스티브 잡스, 여러 위인들을 들어 긍정의 힘을 찬양하곤 하지만 그렇기에 그들이 세계적인 위인인 것이다. 모두들 그들을 일컬어 위인이라 칭하며 대단하다고 양손을 번쩍 치켜세우지만, 정작 사람들이 부러워하고, 또 원하는 꿈꾸는 삶은 태어날 때부터 금수저를 물고 나와 꽃길만 걷는 고운 사람들이다. 그렇다고 해서 다시 엄마 뱃속으로 들어가 금수저를 물려줄 수 있는 부모님을 선택해 다시 태어날 수도 없는 노릇 아닌가.

결국엔 긍정의 힘이 있다면 뭐든 성공할 수 있다는 논리보다는 긍정의 힘이 있어야만 그나마 팍팍한 현실을 견뎌 낼 수 있기에, 가장 위대한 성공 노하우로 꼽히는 것이다. 긍정적인 자세를 가진다고 해서 돈이 드는 것도 아니고 주식 투자와 같은 위험이 따르는 것도 아니지 않은가. 그러니 이왕이면 공짜로 가질 수 있는 긍정의 자세를 가지면 실패를 거듭하는 현실을 헤쳐 나가기 조금은 더 수월한 것이다. **나는 이제 혼자 탈락을 곱씹고 자괴감을 가지며 무기력해지기보다는 화끈하게 긍정적인 마인드로 실패에 무뎌져야 했다.**

성공은 절대 비교하는 것이 아니다

시간은 참 빠르다. 어느덧 2009년도의 봄. 나는 졸업한 지 꼬박 1년이 되었고 회사에 입사한 지도 벌써 1년이 되었다. 동시에 내 나이는 스물셋. 꽃다운 나이이지만 어느새 사회생활 1년차. 찌들만큼 찌들었다. 내 옆에는 잘생긴 남자친구도 있었고, 회사에서도 정규직을 꿰차면서 더 이상 쪼들리는 신입이 아니었다. 엄마도 이제 더 이상 병원을 들락거리지 않아도 될 만큼 건강해졌고, 의사도 3개월마다 한 번씩 검진만 잘 와주면 된다면서 우릴 안심시켜 주었다.

학교는 벌써 3학년 2학기가 시작되었다. 말인즉슨, 등록금은 1년치만 더 내면 졸업, 이제 4년제 학사인 것이다. 시간은 빨랐지만 중국어 hsk 6급과 더불어 나는 계속해서 무언가를 하고 있었기 때문에 조급하지 않았다. 심지어는 요즘 퇴근 후에 발음 교정 클리닉에서 발음 교정과 스피치까지 배우고 있기에 **하루는 늘 짧았다.**

금요일 저녁 남자친구와의 벚꽃 데이트를 앞두고 설레던 순간, 묵직하게 울리는 진동에 '나를 데리러 왔나 보다.' 생각하며 확인한 문자의 발신자는 남자친구가 아닌 은희였다.

'세진아. 나 한국항공 합격했어!!!!!'

순간 내 눈을 의심했다. 은희가 한국항공에 합격이라니. 1차 면접에 합격을 했다는 소리는 몇 주 전에 들었었다. 1차 면접 정도야 합격할 수 있겠다 싶었지만 내 경험상, 2차 면접은 1차와는 차원이 다른 별들의 전쟁이기에 꽤 어려울 거라며 마음 편하게 가지라는 답장

을 보냈었다. 그런 그녀가 방금 전한 문자는 2차 면접의 합격 소식이
었다.

솔직히 좀 당황스러웠다. 정확히 세 달 전 그녀는 나에게 승무원이
되려면 어떻게 해야 하느냐며 순진하게 물어왔었다. 취업을 앞두고
학점이나 여러모로 사무직도 맞지 않을 것 같다며 승무원이 되고 싶
다고 했다.

나는 지난 일 년을 돌아보며 철없는 그녀가 진심으로 걱정되었다.
사실 승무원에 확연히 잘 어울리는 이미지는 아니었다. 물론 키가
크고 예쁘장하기는 했지만 웃는 모습이 밝거나 선한 인상은 아니었
고 조금은 차가워 보일 수 있는 좋게 말하자면 세련된 인상이었다.
항공사에서는 보통 세련된 인상보다는 선한 인상을 선호하기에 유리
한 외모는 아니었다.

그리고 그녀는 '인(in) 서울' 4년제 대학이기는 했으나 외국어 관련
학과도 아니었고 학점도 좋지 않았기 때문에 아마도 제2외국어나 더
많은 공부를 해야 승산이 있을 거란 생각이 들었다. 게다가 면접 준
비는 단 한 번도 해본 적이 없는데다가, 승무원이라는 직업에 대한
지식은 전무했다. 고등학교 때 내가 처음 승무원이 되겠다며 항공운
항과에 지원할 때에도 남 일처럼 전혀 관심이 없어했던 그녀였다.

그저 여행을 갔다 오는 비행기에서 승무원을 보고 예쁜 유니폼과
여행에 들떠서 즉흥적으로 그런 것이겠거니 생각했었다.

현실적으로 해줄 수 있는 따끔한 충고를 한다면 기분 나빠할 것 같아서 나는 승무원이 되는 데 필요한 몇 가지 필수적인 요소들만 알려주었다. 생각보다 까다로운 조건에 적당히 알아듣고 포기하겠거니 했지만 두세 달 후, 1차 면접에 합격했다는 그녀의 소식에 단순히 운이 좋았다고만 생각했다. **그녀가 2차 면접에 붙을 확률은 희박했다. 내가 2년 동안 승무원과 관련해 터득한 정보로는 말이다. 그런 그녀가 합격을 해내다니.**

나에게 부모님과 남자친구 다음으로 합격소식을 전하는 거랬다. 순간 어떤 기분이 들어야 하나 잠시 생각했다. 분명히 친구의 취업과 합격소식에 기뻐해주는 것이 맞는 거였다. 하지만 기쁠 수가 없었다. 장장 3년이라는 시간 동안 실패를 거듭하면서도 끝까지 희망을 놓지 않고 마라톤처럼 페이스를 조절하며 도전하고 있던 내가, 한국항공의 합격을 그렇게 쉽게 거머쥔 그녀에게 진심어린 축하 메시지를 보내기는 쉽지 않았다.

때마침 걸려온 남자친구의 전화에 나는 서럽게 울었다. 울기라도 안 하면 속상해서 미쳐버릴 것만 같았기 때문이다. 내가 그 애보다 못난 게 무엇이었을까. 단 한방에 합격을 거머쥔 그녀보다 실제로 우월한 부분은 내가 더 많았다. 학점으로나, 외모로나, 외국어 능력으로나 절대 부족한 건 없었다. 대체 뭐가 다른 걸까. 비참한 기분까지 들었다. 한없이 작아지고 초라해지는 느낌에 견딜 수 없었다. 한참을 답이 없자 그녀로부터 전화가 왔다. 당연히 받지 않았다.

야근 중이라는 문자를 겨우 남겼다.

그녀는 당연히 내가 한국항공과 고려항공에 네 번이나 지원했고 보기 좋게 떨어졌다는 사실은 모르고 있었다. 우리 집안 형편 정도는 아는 그녀였기에 현재 다니는 회사도 4년제 학사 졸업장과 중국어 자격증을 위해 아르바이트처럼 다니는 거라 포장했었다. 절대 떨어지고 돈을 벌기 위해 다니는 거라고는 차마 말할 수 없었다.

주변 시선은 아무래도 상관없었지만 왠지 모르게 그 애에게만 큼은 힘들고 어려운 모습은 보이고 싶지 않았다. 그런데 이렇게 보기 좋게 뒤처지고 말았던 거였다.

벚꽃을 보며 한강에서 치킨과 맥주 따위를 즐길 기분이 아니었다. 남자친구에게는 양해를 구하고, 집에 오자마자 다짜고짜 엄마에게 안겨 울고불고 하는 나 자신이 그렇게도 못나 보일 수 없었다. 내가 해내지 못한 것을 한 번에 해낸 친구에 대한 질투심이라고 하기엔 과했다.

이렇게까지 울고불고 할 필요가 있나 머리로는 생각했지만 뭔가 억울한 기분이었다. 이건 불공평했다.

'우리 예쁜 딸. 속상해하지 마라. 누구에게나 시기가 있는 거야. 원한다고, 맘먹는다고 다 이루어지면 그게 신이지 인간이겠니?

우리 세진이한테는 엄마 말이 너무 뻔하게 들리겠지만 엄마가 50평생 살면서 느낀 건 누구에게나 내리막길이나 오르막길이 있는데, 그 시점이 다 다르다는 거야. 어제 울면서 말하는 널 보면서 고등학교 때 시험 끝나고 네가 말했던 게 생각나더라. 예전에 은희가 밤새 정리한 필기노트 보고 너는 단박에 100점 맞는데 은희는 겨우 80점을 넘겨서 미안했다고. 너는 미안하다고 말했지만 사실 엄마가 보기엔 조금은 우쭐해 보였어. 그땐 은희 심정이 지금 너처럼 그러지 않았을까 싶어.

성공을 비교하는 거 자체가 바보 같은 거야. 물론 우리 딸이 얼마나 노력했는지 알기 때문에 속상한 마음이 이해는 가지만, 은희가 한 번에 합격했다고 해서 절대 네가 못나거나 그동안의 노력이 하찮은 건 아니야. 다만 누구에게나 성공하는 방법과 시점이 다를 뿐이거든. 위축되지 말고 진심으로 기뻐해주고 축하해줘. 그럼 언젠간 너에게도 축하받을 날이 올 거야.

노력은 절대 배신하지 않는단다. 항상 고맙고 미안해 우리 딸.'

무슨 아침 드라마나 드라마 페스티벌의 감동을 주기 위해 넣은 뻔한 장면처럼, 아침 출근 길 버스 안에서 가방 속에 엄마가 아침 대신 챙겨준 샌드위치와 두유에 딸려 나온 편지 내용이었다. 직접 앉혀놓고 타이르기에는 내가 무척이나 자존심이 상해 보였기에 내가 중학교 때나 쓰던 빛바랜 연분홍색 편지지에 한 글자 한 글자 꾹꾹 눌러 담아 못난 딸에게 충고하는 엄마의 안타까운 마음이 고스란히 느껴졌다.

그렇다. 단순하게 생각해야 했다. 고등학교 때의 나는 분명 은희보다 아무런 노력 없이도 우월했다. 그렇게 앞서거니 뒷서거니 하는 건가 보다 생각하니 마음이 조금은 편해졌다. **그녀가 한번에 이루었다고 해서 내가 못난 것은 아니었다. 내 노력이 하찮은 것은 아니었다. 다만 시기의 차이일 뿐이다. 인생사 새옹지마 아니던가. 성공은 비교해봤자 비교하는 사람만 골치가 아플 뿐이다.** 샌드위치를 한 입 물자마자 은희에게 문자를 보냈다.

'진심으로 축하한다. 이년아. 부럽다.'

●

고군분투 끝:
드디어
성공의 막이 오르다

합격 노하우
: 소처럼 일할 성실한 지원자

아마도 은희의 합격소식에 나는 지독하게도 각성했던 것 같다. 그동안 쉬엄쉬엄 현재에 충실한 삶에 '나는 열심히 살고 있다' 자기합리화로 안 될 수도 있다는 불안감을 감추고 살았다면, 그녀의 합격 이후로는 불안함이나 좌절감이 절대 고개를 들 수도 없도록 정면돌파하는 방법을 택했다. 우선 올릴 수 있는 것은 다 올려야 직성이 풀렸다. 만료를 앞둔 토익 성적은 900점대로 올렸고, 영어 말하기 시험 역시 7급을 취득했다. 이제 내 이력서는 정말 화려했다. 토익 900, 토익 스피킹 7급, 중국어 hsk 6급. 영어, 중국어 실력 모두 상.

일반 대기업도 넘볼 수 있을 만큼의 고흡 스펙이었다. 잠을 줄여가며 매일같이 회사, 학원, 집의 쉴 틈 없이 바쁜 일과는 결국 흐지부지한 연애의 종지부를 찍었지만 아무래도 상관없었다. 지금 내 인생에서 '연애' 따위는 당분간 존재감이 없었다.

그리고 더 이상 면접관에게 통하지 않는 올드한 교수님의 면접 노하우 따위는 버려야 했다. 생각해보면 교수님들이 알려주던 면접은 그분들이 재직 중이던 당시의 면접 스타일이었기에 정확히 10년 전의 노하우였다. **탈락을 거듭하면서도 비싼 학비를 내가며 배운 면접이었기에 방법이 아닌 나의 문제라 생각해왔고, 아예 버릴 수 없었다. 실제로 합격을 경험했을 때에도 내가 뭣 때문에 합격한 건지 혼란스러웠던 이유도 이 때문이었다.**

항공운항과로서의 쓸데없는 자존심 따위는 아예 내려놓고 대신 은희의 도움을 받았다. 이건 정말 정면돌파였다. 호랑이를 잡으려면 호랑이 굴로 직접 들어가야 한다. 우선 인정해야 했다. 한번에 합격을 한 그녀의 노하우는 생각보다 단순하고 별건 없었지만 나에게 실로 혁신적인 거였다.

어딜 가든 잘 먹고, 잘 자며, 사람들과 잘 어울렸기에 적응력 하나만큼은 자신 있었단다. 이런 적응력과 유일하게 주위에서 인정하고 칭찬해주는 '성격' 덕분에 여자들끼리의 단체생활을 해야 하는 승무원 조직에서 잘 지낼 자신이 있다고 했다. 또한 타고난 체력과 튼튼

한 하체 덕분에 장시간 비행에도 정말 지치지 않을 것 같다는 자신감이 있었다. 단순했지만 **승무원에게 필요한 자질들을 대부분 갖고 있었기에 이 분야에서의 전문가인 면접관은 그녀의 그런 면모를 알아봐줄 것이라는 믿음이 합격 노하우라고 했다.**

우선 그녀의 자소서나 답변, 면접 복장부터 동기들의 외모와 스펙은 어느 정도인지 면접을 통과한 노하우까지 전부 득달같이 얻어냈다. 그것이 집착일지언정 그런 건 나에게 중요하지 않았다. 지금 내가 여유를 갖고 긍정 마인드로 마인드 컨트롤을 하면서 '모두 잘될 거야.' 기도만 하기에는 너무 여러 번 면접을 보았고, 승산이 없어 보였다. 우선은 마지막 기회라고 생각하며 총력을 기울이는 것이 내가 취한 자세였다. 떨어져도 절대 후회 없을 만한 노력을 한다면 미련조차 남지 않을 것 같았다.

사실 그녀의 합격 노하우는 단순해 보였지만 정직했고, 또 어떻게 보면 가장 확실한 거였다. 면접관들에게 내가 보이고 싶었던 예비 승무원의 포장된 이미지를 보여줬던 나와는 달리 **그녀는 면접관들이 보고 싶어 하고 가장 관심 있어 하는 그녀의 모습을 솔직하게 보여주었다.**

똑같은 메이크업에 똑같은 헤어 스타일 그리고 똑같이 일관된 웃는 얼굴로 유식해 보이는 단어들과 함께 어디서 많이 들어봄 직한 경험들을 열거하는 면접은 하루에도 몇백 명씩의 지원자들을 평가하는 그들에게 정말 지긋지긋했을 것이다. 면접관들 앞에 선 '나'는 사실 예비승무원이 아니라 수많은 지원자들 중 한 명일 뿐이다. 면접에서 선발된 지원자들만이 예비승무원이 될 수 있기 때문에 면접시 오버하지 말고 본인의 위치를 정확히 알 필요가 있었다.

사실 그들이 필요로 하는 인재는 혹자들이 생각하고 꿈꾸는 승무원스러운 세련된 외모와 우아한 말씨를 가진 사람이 아닌, 뽑아 놓았을 때 조직 내에 쉽게 적응하고, 아무런 사건 사고 없이 한마디로 별 탈 없이 오랫동안 다닐 '직원'이었다. 승무원이 무슨 벼슬도 아니고 그들에게 있어서는 한낱 직원에 불과했기에 환상을 갖고 면접을 본다면 당연히 승산이 없을 수밖에 없었다. **그런 점에 있어서 은희는 면접관에게 확실한 본인의 '직원'으로서의 역할을 잘 보였다. 그녀는 성격이 좋기에 조직 내에서 적응을 잘 할뿐더러 좋은 체력으로 잘 아프지도 않아 병가를 내지 않고 성실하게 다닐 수 있는 뽑을 만한 재목으로 비춰졌던 것이다.**

그렇다면 교수님이 가르쳐준 상투적이고 식상한 면접으로 붙은 내 동기들은 과연 어떻게 합격한 것일까. 우리 학교에서는 유독 스물한 살, 어린 나이에 연예인 뺨치게 정말 예쁜 동기들은 많지 않았지만 다들 한번에 합격했었다. 심지어 미스 인천 진에 당선되었던 내 후배는 서류 지원 없이 한국항공 측에서의 제안으로 면접만 보고도 국내선 승무원으로 뽑혔다는 후문이 있었다. 당시에는 예뻐서 합격했다는 말을 믿지 않았었다. 은희의 동기들을 보았을 때, 사실 우리 학교 동기들처럼 예쁜 사람들은 많지 않았다. 아마도 소수 정예의 그들은 한국항공을 대표하는 이미지, 얼굴로 뽑힌 것이 아닐까. 항공사의 입장에서는 항공사를 대표할 만한 예쁜 이미지를 가진 적당량의 승무원들도 분명 필요했을 것이다. 면접관들은 지원자들의 특징에서 항공사에서의, 혹은 팀 내에서의 역할을 상상하고 발견하며 채용하는 것이다.

그렇다면 이제는 꽤 좋은 나의 언어 능력과 그를 만들어낸 집념, 졸업 후 네 번을 떨어져 가면서도 이렇게 끊임없이 학교를 다니고 스펙을 쌓으며 계속해서 도전을 멈추지 않는 나의 열정을 보이기만 한다면 단박에 붙으리라. 나야말로 절대 그만두지 않고 소처럼 일할 성실한 역할의 지원자였다. 이런 내 모습을 보여주기만 한다면 붙을 수밖에 없을 것이라는 이전과는 다른 강한 확신이 들었다.

인생사 새옹지마

2010년 봄. 나는 드디어 합격했다. 다섯 번 만의 도전 끝에 결국 그동안 야속한 결과만 보여줬던 발표화면 속에서 '축하합니다' 문구를 받아냈다. 절대 해낼 수 없을 것 같았던, 너무도 어려워 보였던, 나에게만 가혹했던 현실에서 나는 결국 해냈다.

비결은 단순했다. 노력했고, 결과를 인정하고, 다시 노력하고, 인정하고 이 두 가지 과정의 반복을 견뎌낸 것뿐이었다. 계속해서 주어진 현실에 만족하지 않고 밤잠을 줄여가며 부지런히 노력했고, 그 와중에도 다른 이들에게 피해를 주지 않으려 노력했다. 현실주의자인 나에게 있어 가장 어려운 것이 '긍정의 힘'이었으나 매번 이어지는 힘든 현실 속에서도 희망을 잃지 않으려 했다.

나는 그저 이런 것들을 면접관들에게 보여주었을 뿐이었다. 나에게 주어진 어쩌면 마지막 기회일지도 몰랐기 때문에 포장하지 않고 솔직하고 싶었다. 내 영어와 중국어 실력을 칭찬해주었던 면접관에게는 겸손한 자세로 임했고, 경력사항을 물어본 면접관에게는 솔직하게 여러 번 면접에 떨어지면서 현실을 견디기 위해 어쩔 수 없이 취업했으나, 오히려 전화위복으로 좋은 사람들을 만났고 그 덕분에 오랜 시간 동안 승무원의 꿈을 놓지 않으며 계속 공부도 하고 학교를 다닐 수도 있었다고 말했다. 여러 번의 면접경험 덕분에 적당히 기분 좋은 긴장감으로 솔직하게 말할 수 있었고, 또 내 성공에 확신을 가지고 응원해주고 도와주는 사람들의 믿음 덕분에 나는 가뿐하게 합격을 이루어냈다.

주변에 먼저 합격해 비행을 하고 있던 같은 과 동기들과 친구들은 나의 늦은 합격에 대단하다며 박수를 보냈지만 취업의 기쁨이 짜릿한 만큼 곧 지옥 시작이라며 겁을 주었다. 특히나 매번 만날 때마다 스케줄부터 비행 업무, 까다로운 승객, 고생시키는 팀 언니들 험담까지 끊임없이 투덜거리던 은희의 한탄에 조금은 걱정이 되었지만 신기하게도 나는 악명 높다는 지옥의 훈련원 생활부터 즐거움의 연속이었다.

불과 며칠 전까지만 해도 성공할 거라는 아무런 확신도 없이 밤잠을 줄여가며 회사와 토익학원과 중국어학원, 스피치학원을 전전하던 나였다. 이 시험만 통과하면, 오늘 밤을 새서 공부만 한다면 바라던 입사가 보장되어 있는데 당최 무엇이 힘들겠는가.

오랫동안 바래왔고 또 기다렸던 만큼 나에게 주어지는 현실이 설사 지옥 같다고 하더라도 나는 얼마든지 버텨낼 준비가 되어 있었다.

장장 4개월 여에 걸친 훈련을 수료하고 그렇게나 꿈꾸던 유니폼을 받고 비행도 시작했다. 내 두 번째 회사생활은 멋지고 매력적인 것 투성이였다. 아침마다 숨쉬기조차 어려웠던 지옥철과 지옥버스에서 벗어나 여유롭게 리무진 버스로 출근할 수 있었고, 심지어 인천공항까지는 교통비도 지급되었다. 매일 같은 정장을 입기 민망해 아울렛을 전전하던 예전과 달리 회사 지급 유니폼 덕에 옷값을 아낄 수 있다는 점이 가장 큰 매력이었다. 그리고 비행은 역시나 생각보다 수월했다. 이전의 회사에서 일했던 것처럼 항상 선배들에게는 웃으며 대했고, 잘못하거나 실수한 것이 있다면 변명하지 않고 재빠르게 인정하고 죄송하다고 말했다.(그 인정하는 부분이 처음 직장에서도 제일 힘들었다.) 일을 배우는 데 있어서 완벽하게 할 수는 없었지만, 다만 같은 실수는 반복하지 않으려 했다. 나보다 나이 어린 선배들이 감정적으로 갑질을 해댈 때에도 그저 웃으며 오히려 그들이 원하는 언니 대접만큼은 극진하게 해드렸다. 원하는 직장을 얻었는데 나이가 무슨 소용이랴. 계속된 탈락 속에 내 눈치를 보다 자연스럽게 멀어졌던 합격한 동기들, 친구들 사이에서 속상해하고 자존심 상해하던 예전에 비하면 이런 것쯤은 껌이었다.

출근하는 길이 이렇게 늘 즐거워질 줄은 꿈에도 몰랐다. 화려한 유니폼을 넋 놓고 바라봐주는 주변의 시선이 즐거웠고, 비록 처음은 까다롭게 굴다가도 내 융숭하고 센스 있는 서비스에 금세 마음이 녹아 오히려 칭찬해주시는 승객들의 쌓여가는 칭송 레터 덕분에 비행이 보람찼다. 나이 어린 선배를 극진히 모시면서도 시키는 모든 일에 열심인 내 모습에 다른 선배들의 사랑도 듬뿍 받을 수 있었고, 비록 나이는 어리지 않지만 태도만큼은 가장 막내다운 싹싹한 막내로 팀 생활에 거뜬히 적응했다. 덕분에 팀 내에서 평가가 좋을 수밖에 없었고, 이 점은 자연스레 우수한 회사 근태 평가로 이어졌다.

내 합격에 더 이상 우쭐할 수 없어 입을 삐죽거리던 은희와는 스케

서른, 우리는 실패를 즐기기로 작정했다

줄이 맞으면 같이 출퇴근하기도 하고 심심치 않게 공항에서나 회사에서 마주치면서 다시 고등학교 때처럼 같은 관심사를 공유했던 탓에(물론 은희는 주로 회사 욕이나 가십거리들을 얘기했고, 나는 들어주는 입장이었다.) 껄끄러웠던 지난 앙금은 잊고 금방 다시 가까워질 수 있었다. 물론 3년 후, 스물일곱이 되던 해, 그녀가 회사를 그만두기 전까지는 말이다.

시간은 20대 중반의 승무원이었던 우리에게는 일과 연애를 병행해야 했기에 유독 빨랐고, 많은 변화가 있었다. 일이 맞지 않아 일하는 3년 내내 불만이었던 은희는 결국 결혼에 성공하면서 회사를 도망치듯 그만 두었다. 유복한 집안의 학교 선배 오빠와 결혼에 성공하면서 첫 신혼집부터 서울의 꽤 비싼 신형 고급아파트로 둥지를 틀었다. 시부모님은 해외 골프여행을 즐기는 분들이었고 남편은 값비싼 외제차를 타고 다녔다. 그리고 그녀는 일주일에 두 번 가는 대학원과 문화센터를 가면서 여유로운 중상류층의 삶을 누리고 있었다. 친구가 잘되고, 또 잘 사는 모습에 마음이 좋았다.

나는 신기하게도 한국항공에 들어가면서부터 인생이 술술 풀렸다. 만 3년 이후부터 자격이 주어지는 대리로서의 진급은 다들 한번에 하기 힘들다며 열띤 경쟁을 벌였지만, 나에게는 유독 쉬웠다. 외국어 외에는 별다른 자격이 없었지만 그동안 아무런 사건 사고 없이 근태 평가가 좋았던 탓인지(그래도 힘들다고들 한다.) 나는 단번에 진급에 성공했다. 딱 한국항공으로 입사하기까지가 힘들었지 그 이후로부터는 너무 쉽게 풀려서 황당할 정도였다. 심지어 나에게 척박한 현실과 뭘 해도 잘 안 풀리던 순간이 있을까 싶을 정도였다. 불운의 아이콘이었던 나에게 모두들 넌 참 운이 좋은 편이라며 부러워했다.

참 오래 살고 볼 일이었다. 인생사 새옹지마라는 말이 딱 들어맞는 나날들이다.

세 번째

다시 나의 이야기

●

다시
나의 이야기

      너무 이른 성공은 패가망신의 지름길이라고 한다. '나 홀로 집'이라는 영화 속에서 전 세계를 흔들었던 귀여운 꼬마는 훗날 마약 중독자가 되었고, 홍콩인들이 가장 사랑하고 홍콩을 대표하는 배우 '장국영'은 허무함에 스스로 목숨을 끊었다. 또 천재성을 가진 스타들은 타고난 재능에 고생 없이 일약 스타덤에 올라 한 시대를 풍미하지만 인기를 오래 구가하지 못하고 여자나 노름, 마약에 빠져들고야 마는 경우가 수두룩하다.

    유명한 철학자 니체도 역시 그랬다.

    "너무 이른 성공은 위험하다.

    너무 어릴 때 성공하여 공적을 쌓고 추앙을 받으면, 그 사람은 오만과 같은 비뚤어진 감각에 사로잡혀 동년배의 사람이나 차근차근 노력해 가는 사람에 대한 외경을 완전히 잊어버리고 만다."

　비온 뒤, 땅이 굳어진다는 말이 있듯이 누구나 쉽게 겪는 시련과 실패에서 오는 불안감과 좌절감이 사람을 단단하게 만든다. 상처가 나고, 약을 바르고 새살이 솔솔 돋고, 다시 상처가 나고, 다시 약을 바르고, 이번에는 굳은살이 배긴다. **굳어진 땅은 웬만한 비바람과 태풍에도 끄떡없지만, 비옥하고 기름진 땅에는 햇볕과 거름을 아낌없이 받던 화초가 송두리채 뽑히고 만다.**

　나에게 문제가 있다면 남들에게는 너무도 어려운 인생의 숙제가 나에게는 너무 쉽게 풀렸다는 것이었다. 취업이 안 돼서 결혼, 내 집 마련, 출산까지 포기하는 'N포세대'라는 말이 나올 만큼 취업은 대입보다 힘들어졌으나, 나에게는 적절한 고민 한 번 없이 번지르르한 직장이 얻어졌고, 결혼 역시 평생을 함께 할 사람을 만나는 만큼 살아가면서 겪는 대표적인 인륜지대사인데 굴러들어온 복덩이처럼 내 발에 걸려들었다.

　나는 굉장히 긍정적이었다. 모든 일에 너무 긍정적이었고, 덕분에 잘 풀렸고, 자신감이 넘쳤고, 어떤 상황도 나에겐 쉽고 간단했다. 그래서 항상 투덜댔다. **소중함을 모르고 업신여기며 불평하고 투덜대도 더 좋은 것만을 원했다.** 제대로 부딪쳐 노력해 얻을 생각 없이

지금까지 살아왔던 것처럼 굴러들어온 복덩이가 내 발에 걸려들기만 바랐다. 그래서 내가 얻은 건 남 들에게만큼은 번지르르하게 보일 직업과 집과 차와 풍족한 삶, 그리고 허영심뿐이었다.

지금까지 늘 내가 앞서있다고 생각했건만 스물일곱 살, 나는 결혼이라는 핑계로 갑자기 멈춰 섰고, 한참 내 뒤에 있다고 생각했던 이들이 하나둘 내 앞을 스쳐 지나가는 모습을 보기가 힘들었다. 차라리 처음부터 뒤처져 있었다면 이리 억울하지도 않았을 거다.

고생 끝에 원하는 곳에 취업해내고, 또 노력 끝에 단번에 진급까지 거머쥔 세진의 기쁜 소식을 절대 축하해 줄 여유가 없었다. 축하는커녕 이제 엄청나게 더 힘들어질 것이라며 되지도 않는 선배로서의 아는 척과 함께 권위적인 위로를 건넸다. 그게 내 뭉그러진 자존심의 표현법이었다. 동기들과의 단체 채팅방에도 승무원은 정말이지 너무 힘들다며, 다시는 돌아가고 싶지 않은 기억이라 폭탄을 터트렸다. 다시는 돌아가고 싶지 않다는 말은, 그렇게 쉽게 그만둔 걸 절대 후회하지 않을 거라는 나의 굳은 다짐, 결의 같은 거였다. 그렇게 나는 뒤처진 것도 모자라 완전히 외톨이가 되었다.

남편이 먼저 생각할 시간을 갖자고 하기 전, 지나가듯 꺼낸 말이 있었다.

"그렇게 집에서 아무 의미 없이 시간만 보낼 거라면 승무원 학원에 강의라도 나가 보지 그래?"

서른, 우리는 실패를 즐기기로 작정했다

처음 승무원을 그만둘 수 있게 된 것은 물론 힘들어하는 내 모습을 보기 힘들어하는 남편 덕분이었다. 하지만 그저 집에서 팽팽 놀고먹고 지내라는 건 아니었다. 나는 그에게 강의를 하고 싶다고 했었다. 대접받는 직업이 강사라고 생각한 것 때문만은 아니었다. 그냥 왠지 사람들 앞에서 내가 알고 있는 이야기를 해주고 호응을 얻고 싶었다.

그러나 누구나 시간만 때우면 얻을 수 있는 CS강사 자격증 한두 개와 고작 4년차 항공사 경력의 이제 막 스물일곱 먹은 새내기 강사에게는 아무도 강의를 주지 않았다. 솔직히 말하자면 사내강사를 뽑는 면접자리도 몇 번을 갔었건만 보기 좋게 떨어지고 말았다. 그들이 원하는 사내강사는 강의만 하는 강사가 아니라 직원을 원하는 거였기 때문이다. 당연히 내 거만한 자세에서는 직원으로서의 가능성이 보이지 않았고, 덕분에 나는 말이 좋아 프리랜서 강사지 백수 노릇을 면치 못하고 그렇게 시간만 흘렀다.

남들이 전부 실패와 좌절의 고통에 허덕일 때 나는 그런 시련은 남들의 이야기라고만 생각했지 나에게 올 거라는 생각은 단 한 번도 해본 적이 없었다. 그러나 대입을 앞둔 고3 시절은 물론 힘들었지만 즐겁게 추억하는 걸 보면 매도 먼저 맞는 게 낫다. 아니, 매도 같이 맞는 편이 낫다. **모두가 함께 힘들고 지칠 시기에는 그 시련이 나에게만 오는 것이 아님을 알기 때문에 거뜬히 이겨내고 그 시기조차 즐거운 추억으로 기억된다.**

하지만 혼자 무기력한 시간이 지속되면서 내가 느낀 것은 **그 시기가 각각 다를 뿐, 결국 누구에게나 실패나 좌절, 시련은 꼭 한 번 이상은 무조건 찾아온다는 것이었다.** 그리고 나에게는 애석하게도 그 시기가 분명 나보다 뒤처졌던 친구들이 대리로 진급하는 지금 이 시점에 찾아왔다.

현 상태로만 보면, 결혼도 실패였고, 사회인으로서도 낙오자였다. 멋지게 사표를 던지고 나오면서, 나는 그만 둔 이후에도 현재의 위치가 그대로 유지된 상태에서 새로운 시작을 하는 거라 믿었다. 하지만 퇴사를 함과 동시에 나는 승무원이 되기 이전의 위치. 그저 백수일 뿐이었다. 이제 처음 만나는 이에게 나를 소개하기 위해 내밀 신분증은 더 이상 명함이 아니라 주민등록증뿐이었다. 백화점에서나 호텔에서, 혹은 VIP라운지에서 받았던 융숭한 대접 역시 내 돈이 아니었고 내 능력이 아니었기에 허무했던 거였다. 그게 바로 나와 11A 그녀의 차이점이었다. 나는 지금 혼자 자생할 능력이 없었다.

나는 당장 돈을 벌어야만 했다. 퇴직금으로 받은 돈도 모두 써버렸고, 당연히 친정 부모님에게는 내 상황에 대해 비밀에 부쳐야 했다. 그리고 내 경력을 인정해주고 돈을 주며 받아줄 곳은 그렇게도 내가 무시했던 승무원양성학원의 강사자리 뿐이었다. 불행히도 내가 그토록 불평하고 벗어나고 싶어 했던 한국항공의 경력덕분에 먹고 살 수 있는 나는 그동안 무시하고 괄시했던 것들을 붙잡아야만 현실을 살아나갈 수 있었다.

나는 그해 여름, 어찌어찌 경력증명서와 함께 면접을 보고는 수업 한 타임(2시간)당 4만 원을 받는 시급 2만 원의 시간강사로서 작은 승무원 학원에 출근하기로 했다. 큰 학원에서는 사무장 출신이나 10년 이상의 경력직들을 선호했기에 내 4년이라는 경력은 큰 어필력이 없었고, 작은 학원이었지만 나에게는 선택의 여지가 없었다.

드라마에서만 접했던, 작고 덥고, 4명 정도가 근무하는 열악한 사무실에서 나는 수업 시간 이외에는 학생들의 상담업무를 해야 했고, 게시판에 학원 홍보글을 올리는 것도 해야 했다. 아무래도 상관없었다. 그저 시간만 때우면 되는 거였기 때문에, 나는 동료들과 굳이 친해지고 싶지도 않았다. 경력을 조금 더 쌓고 큰 학원으로 가야겠다는 생각뿐이었다.

내가 예전에 다녔던 큰 학원과는 달리 수강생들은 적었고, 한 수업당 10명이 안 되는 인원이 수업을 들었다. 더운 여름에 에어컨은 너무 낡았고, 강의실 역시 열악했다. 늙은 원장은 아이들 앞에서 나를 한국항공 출신에 최근까지 일했던 사람으로 소개했고, 애들은 반짝이는 눈으로 날 쳐다봤다. 학원 측에서는 수업 준비를 따로 시키지도 않았다. 그보다 중요한 것은 학생들의 상담이었고 등록이었기 때문이다. 그렇게 나의 역사적인 첫 강의가 낡은 선풍기가 웽웽거리는 좁은 강의실에서 시작되었다.

강의라고 해봤자 내가 준비했던 3년 전 면접 노하우 같은 어쩌면 나의 성공담, 영웅담 따위를 들려주는 게 다였지만, 딱 그 정도의 이야기에도 반짝거리며 열심히 필기하는 그들을 보며 문득 내가 학원에서 수업을 들으면서 가장 묻고 싶었던 질문이 떠올랐다. '승무원이 힘든 이유,' '왜 빨리 그만두는 건지,' 당시의 나에게는 굉장히 중요한 의문이었다. 내가 목표로 하는 직업에 대해 잘 알아야 했었지만 강사님들은 말을 아꼈다. 그저 몸이 힘들어서, 허리가 아파서 고작 그런 이유가 퇴사 이유라고 납득하기에는 직업에 대한 기초적인 지식이 부족했다.

나는 그런 것들부터 아이들에게 설명해 주었다. 승무원이 왜 몸이 힘든 건지, 허리가 왜 아파지는 건지. **업무에 대한 애로사항부터 처음 내 환상과는 너무도 달랐던 직무와 업무 현장에 대해 설명해 주었다.** 아이들 역시 확실히 알고 각오하는 편이 확실히 더 낫기 때문이다.

생각보다 적나라하게 설명에 실망하고 걱정하는 기색이 역력한 아이들에게 나는 당근도 주어야 했다. 그럼에도 불구하고 승무원이라는 직업이 얼마나 좋은지, 여행은 얼마나 다닐 수 있는지, 연봉은 얼마인지, 이런 메리트에 대해 전부 이야기해 주면서 선택은 본인의 몫이라는 걸 말해주고 싶었다. 결론은 직업을 잘 알고, 스스로의 적성도 잘 파악해서 지원하라는 충고였다. 승무원이라는 직업을 가져야겠다고 마음먹고 준비하던 당시의 나에게 필요했던 말을 그들에게 해주고 싶었다. 나 역시 그런 것들을 미리 알았더라면 미리 각오하고 더 오래 근무했을지도 모른다는 말과 함께.(진심이었다.) 두 시간을 어떻게 뭘 하며 보내야 하나 걱정이 되었지만, 이렇게 하고 싶었던 몇 가지 이야기만으로도 두 시간은 훌쩍 지나갔다. **생각보다 일하는 두 시간은 무척이나 길었지만 말하는 두 시간은 너무도 짧았다. 한 마디로 나에게 말하는 것은 일하는 것이 아니었던 것이다.**

 수업을 마치고 강의실을 나서려는데, 아이들은 수줍은 듯 쭈뼛거리며 내 옆으로 오더니 연락처를 물어봐도 되냐며 조심스레 물었다. 오늘의 수업 내용이 그동안 들었던 수업들과는 달리 너무 좋았고 재미있었다면서 궁금한 게 있을 때 연락하고 묻고 싶다고 했다. 그리곤 또 언제가 선생님의 수업인지 신청을 하고 꼭 다시 듣고 싶다는 수줍은 고백이었다. 나에게는 첫 강의였고 준비가 된 것이 하나도 없었는데 이렇게 좋아해 주니 고마울 따름이었다.

 정말 뿌듯하고 재미있었다. 시간이 흐르는 것도 모를 만큼. 그리고 더 잘하고 싶었다. 아이들에게 좀 더 도움될 만한 내용들로 강의를 구성해서 더 좋은 피드백을 받고 싶었다. 게다가 내 수업을 들은 아이들이 만약 합격한다면 더 큰 뿌듯함도 느낄 수 있을 것 같았다.

 한동안 강사 면접을 보러 다니며 보기 좋게 딱지를 맞던 시절,

 "승무원 출신이면 이미지 메이킹이나 서비스 마인드 정도의 우아한 강의만 가능하시겠죠?"

라고 말하며 승무원 출신의 강사들을 무시했던 몇몇 강의 파견업체의 면접관과 담당자들이 떠올랐다. 그렇게 느낄 수 있었다. 승무원 출신의 강사들은 우아했고 세련되었고 여성스러웠다. 이미지 메이킹, 매너 강사로서의 메리트였지만 한편으로는 굉장히 큰 단점이었다. 강사라는 직업은 청자들과 소통을 하고 감동을 주어야 하는데 그런 고상한 태도의 강의 스타일로는 마음을 울리는 진한 감동과 교훈을 주기에는 한계가 있기 때문이다. 나는 그들의 색안경을 벗겨내고 싶었다. 나는 그런 우아한 승무원 출신의 강사가 아니었다. **나는 말하는 걸 즐기고 소통의 피드백에 보람을 느끼는 사람이었기에 감동을 주는 강의를 하는 강사라는 직업이 적격이었고 아무도 무시할 수 없는 업계 1위가 되고 싶었다. 한마디로 강의를 몹시 잘하고 싶었다.**

우선 평소 목소리에 고민이 있던 아이를 위해 나는 모든 보이스 트레이닝 학원들을 섭렵하며 목소리에 대해 배웠고, 답변 내용과 자소서가 고민인 아이들을 위해 서점에 있던 모든 자소서와 스피치 책을 읽었다. 본인의 이미지에 자신이 없던 아이들을 꾸며주기 위해 이미지 트레이닝이나 퍼스널 컬러와 같은 수업도 50만 원짜리 비싼 천 쪼가리까지 사가며 들었다. 하루하루 뭔가 차곡차곡 쌓여가는 기분이었다. 그리고 그렇게 켜켜이 쌓은 나의 지식들은 즉시 아이들에게 전수할 수 있었다. 아이들을 대상으로 수업 때 들은 내용을 그 즉시 계속해서 반복하고 복습하며 나는 금세 나만의 강의 노하우를 쌓을 수 있었고, 내 열정적인 강의로 인해 점차 변화되는 아이들의 모습을 보며 이루 말할 수 없는 뿌듯함을 느꼈다.

이런 게 바로 적성이라는 거였다. 나는 원래 일로 인해 쉬는 시간을 조금만 투자하는 것도 용인이 안 되는, 한마디로 일에 투자하는 시간에는 수전노 같은 사람이었다. 쉬는 시간, 노는 시간에 대한 애정과 집착이 강했기 때문에 승무원 재직 시절에도 비행이 조금이라도 연착된다거나 비행이나 회식에 투자하는 시간만큼은 누구보다 아까워했었다.

그랬던 내가 돈과 시간과 노력, 모든 것을 투자해서라도 얻고 싶은 배움에 욕심을 가지게 되었고,(물질이 아니라 이런 무형의 것에 돈을 투자하는 사람들을 이해하지 못했었다.) 시간이 가는 줄도 모르고 일에 집중하다 친구와의 술 약속에 늦는다든가, 계속해서 스케줄러에 월별, 주별 목표를 세우고 빡빡한 일정을 만들어 내면서 뿌듯함을 느낀다거나 사서 고생스러운 일을 만드는 변태스러움. 이런 것이 바로 적성에 맞는 일을 갖는다는 거였다. 그저 대접받는 직업일 거라는 환상 때문에 강사라는 직업을 선택한 것이 아니라, 나는 나에 대해 어렴풋이 알고 있었던 것이다.

나의 삶은 제로베이스에서 다시 시작했지만, 하루하루가 즐거웠

고 생기가 돌았다. 앞으로 이루고 싶은 확실한 목표가 날마다 생겼고 나는 그 길을 그저 달려가기만 하면 되는 거다.

두고 봐. 비단 승무원을 준비하는 학생들뿐 아니라 취업을 준비하는 청년들에게 희망을 주는 이 시대 최고의 멘토이자 강사가 될 테다. 3년 전의 내 목표였고, 지금은 그 꿈을 조금씩 이루어 가고 있다. 학원에서 함께 일하던 맘 맞는 언니와 작지만 우리의 성을 딴 승무원 합격연구소를 만들었고, 스터디 룸에서 블라인드를 치고 셀프로 찍은 데모 동영상 강의를 각종 교육 콘텐츠에 보냈다(코요테 어글리의 주인공처럼).

현재 유명 교육 콘텐츠 취업 강좌에는 내 이름 석자를 걸고 만들어진 동영상 강좌가 인기리에 방영되고 있다. 뿐만 아니라 취업 포털 사이트의 자소서 첨삭위원과 면접전문 멘토로 활약하고 있다. 주말마다 들으면 도움이 될 만한 모든 강의들은 닥치는 대로 듣고 있다.

그리고 지금은 이렇게 내 자전적인 이야기와 더불어 3년간 봐왔던 많은 학생들의 실패담과 성공담을 엮어 에세이까지 쓰고 있다. 물론 조금은 각색이 되거나 과장이 된 것도 있지만 모두 실화 80% 이상이다.

서른, 우리는 실패를 즐기기로 작정했다

마치는
말

사실 처음에는 자기계발 서적을 쓰고 싶었다. 뭐든 포기하기에 지쳐 꿈을 꾸는 것이 사치인 이 시대 젊은 청춘들을 위로하고, 응원하는 그런 희망차고 유익한 글을 쓰고 싶었다.

하지만 20대를 갓 넘긴 지금, 그런 야심찬 책을 써내기에 나는 많이 부족하다는(별로 자랑할 것이 없는 사람이라는) 결론을 냈다.

서점에서 잘 팔리고 또 많이들 읽는다던 자기계발서 10권 남짓을 읽고 내린 결론이다. 저자들의 풍부한 경험과 인생철학이 그대로 녹아든 서적들을 읽어 내리며, 나는 도저히 끝까지 재미있게 읽을 수 있는 자기계발서를 쓸 자신이 없었다. 책 전체가 현자들의 철학과 인생 노하우로 도배된 유익함 덩어리라는 것은 잘 알고 있음에도 불구하고, 드라마와 소설처럼 가십과 스토리에 익숙한 나의 뇌 용량에는 과부하가 걸렸는지 책을 절반 이상 읽으면 좀처럼 읽혀지지가 않았다. 이러한 훌륭한 서적들을 흉내 내어 좋은 글귀와 명언을 이어 붙여 책을 완성한다 한들, 비단 나 한 사람뿐 아니라 어느 누구도 읽기 힘든 책이 될 것이라는 생각이 들었다.

하지만 서른이 되어 꼭 책 한 권 써내야지 했던 야심찬 계획을 포기하기는 싫고, 이 계획을 조금 틀어, '누구든 편하게 읽어 내리기 쉬운 수다스러운 이야기를 쓰는 건 가능하지 않을까'라는 생각에서 이 책은 시작되었다.

수업이 시작되면 옹기종기 모인 학생들이 다들 초롱초롱한 눈으로 수업을 기다릴 것이라는 환상은 깨진 지 오래다. 어떻게든 취업에 성공하기 위해, 여러 면접학원의 커리큘럼과 강사 경력, 합격자 수를 꼼꼼이 따져가며 엄선한 수업에 적지 않은 수강료를 지불하고 수업을 듣는 이들의 모습은 가히 전쟁터를 방불케 한다. 수업 중 쓸데없는 수다에 조금이라도 도움이 되지 않는 사적인 이야기라고 생각하면 금세 따분해지고 불편해지는 표정 속에서 나는 여유라고는 눈곱만큼도 찾을 수 없는 그들의 현실에 안타까울 따름이었다.

'조~오을 때다.' 풋풋한 젊음에 시기 어린 감탄사를 내뱉으며 부러워하던 때도 다 옛말이다. 지금 길거리를 지나는 젊은 청춘들을 보다 보면, 솔직히 내가 그들과 같은 시대에 취업을 준비하지 않음에 감사한 마음이 우선이다.

지금도 사회에 첫발을 내딛기 위해 고군분투하는 나의 학생들을 보면서, 내가 유능한 철학자나 인문학자로서 그들의 길잡이도, 박학다식한 이 시대의 진정한 멘토도 아니지만, '너희도 힘들지만, 우리도 힘들었고, 그 이전 세대들도 힘들었다'는 사실, 한마디로 살면서 누구에게나 아픔과 시련이 한 번쯤은 있게 마련이라는 말을 해주고 싶었다.

내가 실제로 경험하고 겪어왔고 또 주변에서 겪는 실패들과 고군분투 끝 성공을 봐오면서 느낀 건 취업(결혼과 가정을 꾸리는 것도 마찬가지일 거다.)에는 실제로 권선징악이 존재한다는 거였다. 사람들이 할리우드 영화에 열광하는 이유는 무엇인가. 특히나 마블의 영웅 이야기나 재난 블록버스터를 볼 때마다 다들 불 보듯 뻔한 스토리라며 욕하지만 그래도 끝끝내 극장에까지 가서 영화를 보는 이유는 무엇인가. 바로 속 시원해서다. 아무리 지구 멸망의 상황으로 대지진이 일어나건 화산이 폭발하건, 우주 괴물이 지구를 침투하건 상관없이, 주인공들의 열정과 정의감, 사랑으로 고군분투해서 결국은 정의사회를 구현하기 때문이다.

취업도 마찬가지이다. 똑똑한 사람이 취업에 성공하는 것은 맞지만, 결국 최종합격까지는 면접관을 통하는 '면접'이라는 시스템을 거친다. 누구라도 같이 일하고 싶은 성격 좋은 사람만이 통과할 수 있기 때문에, 아무리 우수한 인재라 하더라도 주변을 배려하지 않는 이기적인 사람들은 결국 원하는 곳으로의 합격이 끝끝내 좌절되는 것을 무수히 보아왔다. 만약 그러한 사람이 원하는 기업으로의 취업에 성공했다면, 아마도 더 무시무시한 그 다음 관문인 '사회인'으로서의 부적응으로 그 권선징악은 나타나게 마련이다.

이 책을 읽고 왜 나에게만 시련이 찾아오는지, 남들은 다 행복해 보이는데 왜 나만 이렇게 불행한 건지 생각하는 청년들에게, 사람 사는 것은 모두 매한가지고, 또 실패를 거듭할수록 더 값나가는 성공을 이루어낼 거라는 경험에서 우러나온 확신을 주고 싶다.